シンプルでも後悔しないようきちんとしたい

小さな葬儀と お墓選び・墓じまい

実際の進め方と手続き・費用がわかる64項

〔監修〕大野屋テレホンセンター

自由国民社

はじめに

葬儀のマナーや建墓について解説した実用図書は多く、それらを参考に葬儀を執り行ったり、お墓を建てたりしている読者も少なくありません。

しかし、都市部などでは一般の葬儀よりも家族葬などの小さな葬儀が多くなっている昨今、一般葬のしきたりやマナーの情報だけで、読者の「知りたい」「知らなければ」といった声に応えられるのか?

そうした検討から本書の企画はスタートしました。

実際に葬儀社を取材すると、こんな感想を話してくれました。

「ここ十数年で、家族葬などの小さな葬儀が一般化していますが、最大の理由は、故人もそうですが、子どもなど遺族の高齢化です。故人が90歳以上の場合、子どもたちもすでに定年し社会的なつながりも少なくなっていて、とくに家族葬を望むわけではないのに、自然に身内中心の葬儀になってしまいます」というのが、家族葬が増えている大きな理由のようです。

いっぽう石材店を取材すると、「田舎の墓をどうするか」「子どもたちに累代墓承継の負担をかけたくない」「自分たち夫婦には承継する子どもがなく、どんなお墓を建てたらいいかわからない」「この際自分の代で墓じまいをしたい」といった問い合わせが多いそうです。

少子高齢化が一段と進む中で、2018年の日本人の平均寿命は女性が87・32歳、男性が81・25歳で、男女ともに過去最高を更新しています。また、2018年の死亡者数は約137万人で、平成元年の約79万人からほぼ一貫して年々増加しています。日本は超高齢社会であるとともに、多死社会でもあるのです。

家族葬、一日葬、直葬といった小さな葬儀や墓じまいの増加は、まさに現代日本の社会事情を反映しています。もう1つの背景には、長い老後の生活資金のこともあり、葬儀やお墓に大きな費用はかけられないという経済的な理由もあるのでしょう。

これからも葬儀やお墓をどうしたらいいか、悩む人がますます増えるでしょう。

本書は、昨今の葬儀とお墓の事情(第1章)、小さな葬儀の執り行い方(第2章)、お墓の建て方と墓じまい・改葬の方法(第3~5章)と3部構成になっています。それぞれ、解説文のほかに事例やQ&Aなどを豊富に掲載し、さまざまな角度から新しい葬儀とお墓をわかりやすく解説しています。また、実際にかかる費用の例も掲載しています。

自分たちや身近な人の葬儀やお墓に、悩みや疑問がある方は、ぜひご一読いただければ幸いです。

編集部

小さな葬儀とお墓選び・墓じまい

もくじ

第2章 小さな葬儀・一般葬の準備と進め方

第3章 お墓の知識と新しいお墓の選び方 99

第4章 墓じまいと改葬のしかた 147

第1章

シンプルでもきちんとしたい 葬儀・お墓の選び方

高齢化によってシンプルになったお葬式

少子高齢社会の葬祭事情

質素な葬儀は高齢化が大きな原因

昔はお金をかけた葬儀ほど故人の供養になり、遺族も周囲から認められる、だから葬儀は立派に執り行わなくてはいけないという風潮があったようです。

しかし、最近は、地方の素封家・名家や事業のオーナーなど一部の葬家を除いて、必要以上に派手な葬儀は好まれない傾向にあります。

左ページのグラフは2000年以降の葬儀費用についてのアンケートの結果です。一般財団法人日本消費者協会が3～4年ごとに実施している葬儀についてのアンケート調査で、2010年以降は葬儀の総額は200万円以下になっています。

「派手な葬儀は好まれなくなった」「形式的すぎる葬儀が敬遠されるようになった」など、葬儀に関する消費者の考え方が変わってきたのも原因としてあげられるでしょうが、葬儀現場のディレクターたちが実感としてあげるのは日本社会の高齢化による「故人の高齢化」です。

意図的よりも必然的に質素な葬儀になってしまう

故人が90歳を超える高齢であった場合、故人の親戚や友人はすでに他界していたり、弔問に来られるような健康状態でないことも多いでしょう。

また子どもたちも定年退職していて、社会的なつながりが現役時代より希薄になっていて、仕事関係の会葬者はほとんどいないということも多いでしょう。義理でみえる弔問客がなく、葬儀社に聞かれて会葬者の人数を割り出してみると、せいぜい20～30人。そうなると、大きな斎場を手配したり、立派な祭壇を飾ったりする必要はなく、必然的に質素な葬儀になります。

　最近、身内を中心にした「**家族《かぞく》葬《そう》**」が話題になっていますが、葬儀にあまりお金をかけたくないという経済的な理由だけでなく、故人が高齢なため会葬者が限られるので必然的に「家族葬」を選ぶ葬家も多いようです。

　最近の都市部の葬儀のうち50%近くがこの「家族葬」で行われるのは、故人の高齢化も一因であると思われます。

葬儀の費用についてのアンケート結果（全国平均）

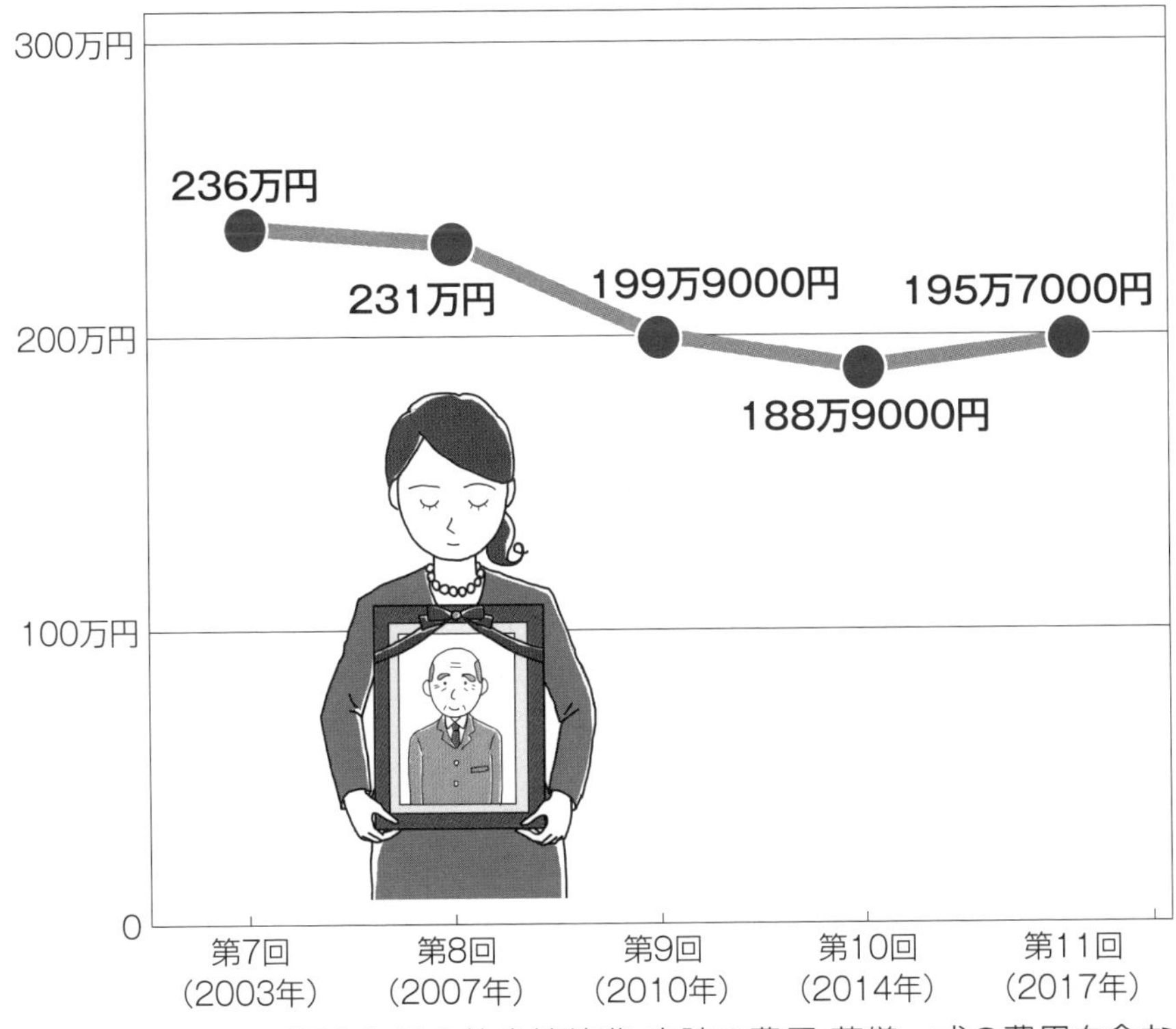

通夜からの飲食接待費・寺院の費用・葬儀一式の費用を含む

※一般財団法人日本消費者協会「葬儀についてのアンケート調査」より

小さな葬儀

葬家の事情にあったメニューが用意されている

「家族葬＝安い葬儀」とは限らない

インターネットや新聞・雑誌などの広告で、「**家族葬**」という文字があふれていますが、家族葬とはどういう葬儀でしょうか。

実は「家族葬」の名称は、十数年前から増え始めた会葬者の少ない小さな葬儀をわかりやすく表現するために、葬儀業界が発信し始めたもので、公的な意味のある言葉ではありません。

概念としては「家族・親族を中心に、儀礼的な会葬を遠慮した会葬者の少ない葬儀」ということになるのでしょうが、いつの間にか「家族葬＝費用負担の少ない葬儀」というイメージが定着しているようです。しかし、基本的には、どんな祭壇を使うか、棺《ひつぎ》はどうするかなどは、一般葬か家族葬かの問題ではなく、家族葬だからといって、祭壇や棺のランクを上げれば一般葬より高額になる可能性もあります。

ただし、家族葬であれば小さな斎場を選び、通夜ぶるまいの人数も少なくてよい、となれば相対的には費用は抑えられます。

葬儀社にはいろいろなメニューが用意されている

高齢化によって増えた家族葬ですが、さらにさまざまなメニューが登場し、消費者の選択の幅が広がっています。費用面で最も負担の少ない「**直葬（ちょくそう・じきそう）**」も最近増えている葬儀の形態です。斎場などでの葬儀は行わず、直接火葬場に搬送し火葬する形態です。ただし、墓地、埋葬等に関する法律第3条により、「原則として、埋葬または火葬は、死後（もしくは死産後）24時間以内は行ってはならない」と規定されているので、病院で亡くなったら遺体をいったん自宅に運ぶか、葬儀社に預かってもらうことになります。

また、「**一日葬**《いちにちそう》」という葬儀も増えています。家族葬の一種に数えられるでしょうが、通夜を行わず、葬儀・告別式を1日で執り行う葬式です。2日かかる仏事を1日で済ませるので、葬儀費用全般・通夜ぶるまいが軽減できます。

ただし、菩提寺の意向で一日葬などの簡略した葬儀は認められないことがあるので、事前に了解を得ておく必要があります。

いまどきの葬儀の例

形態の例	内容	参照ページ
家族葬	家族・親族を中心に行う小さな葬儀。一般の儀礼的な会葬を遠慮することが多く、家族がゆっくりお別れできる	60ページ~
リビング葬	家族葬の一形態で、リビングに遺体を安置し家族が通夜・葬儀といっしょに過ごし、故人の思い出を語りながら別れを告げる	66ページ~
一日葬	通夜を行わない葬儀。喪主や遺族が高齢になり、体力的な負担をかけられない場合などに利用される	70ページ~
直葬	遺体を自宅などで安置したあと、葬儀・告別式などを行わず火葬を行う。火葬場で僧侶による読経を依頼することもできる	74ページ~
密葬＋お別れの会	身内だけで葬儀・告別式を行い、後日、関係者を招いてホテルなどで本葬を行う。社葬や著名人の葬儀に多い形態	82ページ~

小さな葬儀

シンプルでもきちんとした葬儀をしたい

●家族葬が一般化した理由

葬儀なんて必要ない、という声も聞かれますが、多くの人がそう感じているわけではないようです。ただ、以前のように花環を並べてその数を競ったり、祭壇の大きさや棺《ひつぎ》のランクを誇ったりするような風潮は陰を潜めています。

大きな祭壇などを選んで見栄を張るより、ゆっくりお別れをしたいという傾向が強くなっています。

会葬者が多いと、喪主や遺族は接待に負われ、気づいたら故人とお別れをする時間もなかったということもあります。家族葬などシンプルな葬儀が選ばれるのは、そうした理由もあります。

●葬儀費用がどんぶり勘定では遺族は納得できない

最近の葬家は、葬儀にお金をかけたくないというよりも、納得できないお金は払いたくないという傾向にあるようです。

以前は、葬儀費用をどんぶり勘定で請求していた葬儀社もあるようですが、最近は「死亡届の代行費用○○円」「ドライアイス代○○円」と明細をつけた見積書を提出する葬儀社がほとんどです。

いくつかの業者から見積書を提出させ比較する方法もありますが、慌ただしい日程でいくつかの業者にあたるのも大変かもしれません。１つの業者に決めているなら、その担当者に見積金額の１つ１つを細かく尋ねてもよいでしょう。最近は細かく尋ねるのが当たり前で、見積金額を確認もせず依頼する葬家は、少ないようです。

最近多い喪主・遺族の気持ち

①ゆっくりお別れしたい

会葬者へのあいさつなどに追われて、故人との最後の別れをゆっくりできないのは避けたい。身内で故人の思い出話をゆっくりしたい

②葬儀費用は納得して払いたい

葬儀が終わって高額な金額を請求されるのは困る。見積書の金額をきちんと説明してもらい納得したうえで費用を払いたい

③儀礼的な会葬は遠慮したい

喪主や身内の仕事関係者など、故人と一度も会ったことがないような義理で訪れる弔問客は遠慮したい

④葬儀よりその後の生活が大事

葬儀で大きな出費をして、葬儀の後の生活に支障が起きたら困る。見栄を張らず、身の丈に合った葬儀にしたい

墓じまい

実家の墓じまいに悩む人が増えている

自分は長男なので墓を承継する立場だが、菩提寺の累代墓を承継したら、遠く離れた都心から墓参りのために帰省するのは大変というのが本音です。かといって、夫婦で墓守りするためだけに実家に戻って暮らすなど非現実です。

仮に、息子である自分は遠距離を我慢して墓守りをするとしても、子や孫たちにそんな負担を強いることなんてできません。

都会には、こうしたお墓をどうするか頭を悩ます地方出身者が数多くいます。

そんな地方出身者の中高年夫婦に、親の介護に続いて起こりうるのがお墓の問題です。

●地方にある累代墓を承継するのは現実的に無理

たまに実家に帰ったときに先祖代々の墓をお参りすることもあるでしょうが、菩提寺とのつき合いも、直接したことがない、住職ともあいさつは交わすがゆっくり話したこともない。そんな菩提寺との関係で、片親に続きもう1人の親も亡くなったら……。

●地方出身者の夫婦に起こる介護とお墓の問題

地方から上京し就職。結婚し子どももでき、実家に帰省するのは夏休みと正月くらい。子どもが成長すれば自然に行き来する回数も減ります。仕事や子育てに忙しい時期ですから、実家とのつき合いも疎遠になります。やがて親のどちらかが亡くなり、もう1人の介護問題も出てきます。遠距離介護などを経験し、その親も帰らぬ人となりました。

●墓じまいをする際の注意

解決策としては、実家の墓を閉じて、現在住む家の近くに新しい墓を求める方法があります。

ただし、墓じまいするには、実家の親族の了解をとったうえで、菩提寺に納得してもらう必要があります。いきなり菩提寺を訪ね、事務的に改葬《かいそう》の手続きを求めたりしたら、長くお墓を管理してくれた菩提寺の思いを無視することにもなります。

離壇する場合には、いままで世話になった菩提寺への感謝を忘れずに、事を荒立てずに進めることが大切です。

墓じまいの理由

お墓を維持するお金がない

お墓が遠く墓参りができない

お墓を承継する子どもがいない

高齢で墓参りができない

お墓の承継に悩む人が増えている

少子化によってお墓で悩む人が増えている

　これまでのお墓は、祭祀《さいし》財産の所有権を承継した男子が、代々引き継いでいくという方法が一般的でした。しかし、少子化により、子どものいない夫婦や、いても女子だけという夫婦もあり、さらに、結婚しない人も増えています。

　承継する男子のいない人たちは、先祖代々の墓をどのようにしたらいいか？　あるいは先祖代々の墓を承継する立場にないうえ、自分にも子どもがいない場合、どんな墓を選んだらいいか悩む人が増えています。

　菩提寺があれば、引き継ぐ子がいない場合どんな供養のしかたがあるか相談することができます。

　以前は「長男が代々承継するもの」と、原則を強く求めてきた寺院もあったようですが、最近は男子がいない夫婦では女子が承継したり、長男だけでなく独身者の二男もその墓に埋葬できたり、檀家《だんか》の要望にフレキシブルに対応する寺院も増えています。

さまざまな埋葬方法が用意されている

　寺院墓地よりもさらに規制の少ない公園墓地では、子どものいない夫婦であれば承継を前提にしない「**夫婦墓**《めおとばか》」や、独身者であれば「**個人墓**」なども選べます。また、夫も妻も墓の承継者になった場合、両家の家名を刻した「**両家墓**《りょうけばか》」も一般的になっています。両家墓は寺院墓地でも見られるようになっているので、住職に相談するとよいでしょう。

お墓の承継で悩む人

お墓で悩む人	悩みの具体例	参考ページ
子どもがいない	・夫は実家の墓の承継者だが、子がいないのでゆくゆくは無縁墓《むえんばか》になってしまう ・墓がないので墓を建てたいが承継者がいないので、どんな墓を建てたらいいかわからない	29ページ参照
女の子しかいない	・夫は実家の墓の承継者だが、自分たち夫婦の子どもは他家に嫁いだ女子のみで承継者がいない ・子どもに負担をかけたくないので墓じまいにして、自分は承継を前提にしない墓にしたい	30ページ参照
自分は独身者	・独身者なので、実家の墓は長男である自分ではなく弟が承継するのがよいと思う。そうなると自分の墓はどうしよう? ・承継者のいない自分はどんな墓を選べばいいのだろう?	31ページ参照
子どもは遠方に住む	・子どもは都会に出て家庭を築いている。自分たちが亡くなったあと、先祖の墓の墓守りをさせるのはかわいそうだ	28ページ参照
菩提寺の費用が高額	・わが家の菩提寺は寺院としての位が高く、年々の負担も少なくない。自分たちが亡くなったあと、子どもたちにこの負担をかけるとなると気が引ける。なにかいい方法はないか?	32ページ参照

いろいろな事情による葬儀の選び方

故人の年齢や社会的な立場によって違うふさわしい葬儀

葬儀の規模や形態などを決めるとき基準となるのは、予想される会葬者の人数です。故人が現役で会社関係の弔問者も多いと予想される場合は、一般葬で執り行われることが多いでしょう。斎場を選ぶときも、会葬者に不便をかけないように、比較的広く、駅に近い斎場を選ぶなどの配慮がなされます。

会社関係者はよほど親しい間柄でない限り、会社帰りに通夜に弔問するのがふつうです。そうなると、通夜を行わない一日葬では会葬者に不親切。また、公私にわたって多くの知人・友人がいる現役世代の喪主が、葬儀を行わない直葬を選ぶことは少ないでしょう。

家族を中心に行う家族葬や一日葬、直葬は故人が高齢であったりして会葬者が限られる場合が多いようです。

費用による選び方もある

葬儀にどのくらい費用がかけられるかも葬儀の規模や形態を決めるうえでのポイントになります。まず、考慮しなければならないのが「会葬者の人数」です。次が「葬儀の予算」です。

遺族が「もうこの金額しか用意できない」ということであれば、葬儀社からシンプルな葬儀が提案されるでしょうし、さらにきびしい予算であれば葬儀・告別式を行わず火葬だけを行う直葬という弔い方もあります。

葬儀選びの事例1

会葬者が多く見込まれる葬儀

故人は元教員のAさん（男性72歳）

会葬者が多く見込まれる元教員Aさんの葬儀の例です。まだ高齢という年齢でなく地域に知り合いが多いので、葬儀社には広い式場を手配してもらいました。

Aさんの場合

元教員のAさんは胃がんが見つかり、治療のかいなく半年後に死去しました。地元の高校で教員をし、定年後も観光ガイドのボランティア活動をしていたAさんは、友人や元教え子などたくさんの知り合いがいます。

妻もサークル活動を通して地元に知り合いが多く、すでに社会人の３人の子どもも、友人や仕事の関係者が多くいます。葬儀社に言われて会葬者の人数を見積もると３５０人くらいになりそうです。

会葬者の見込み人数　350人

- 親族50人
- 故人の友人など100人
- 故人の元教え子100人
- 遺族の友人など100人

↓

喪主（妻）の考え

ボランティア活動などを続けていた夫は、地域に知り合いが多いです。年賀状を交換する元教え子も50人を超えます。みなさんに最後のお別れをしてもらうためにも、通夜・告別式どちらかに来てもらえるように一般的な葬儀にしました。

↓

大きな斎場での一般葬
（通夜＋葬儀・告別式）

●葬儀費用　350万円　※寺院費用を除く

葬儀選びの事例2

会葬者が少ないと思われる葬儀

故人は高齢のBさん（女性98歳）

肺炎で亡くなったBさん。98歳と高齢で、生存する親戚も友人も少なく、2人の子どももすでに定年を迎えていて、会葬者は少ないと思われます。

会葬者の見込み人数　20人

・家族・親族15人
・ご近所5人

↓

喪主（長男）の考え

98歳の母はもともと社交的な人でしたが、お友だちはほとんど他界しています。生存する親戚も遠方だったり高齢だったりして、会葬いただくのは気が引けます。葬儀社に相談し、家族葬のプランで執り行うことにしました。

↓

葬儀社の斎場での家族葬
（身内だけの通夜＋葬儀・告別式）

●葬儀費用　70万円　※寺院費用を除く

Bさんの場合

認知症を発症していたBさんは、長く介護施設に入所していました。自分から親戚や友人たちに連絡することはできず、その間に知り合いの多くは他界しています。

喪主の長男は、お別れをしてもらいたいと思う人の顔が浮かばず、子と孫の家族だけの葬儀にしました。ただ、昔から顔見知りだった、ご近所には知らせたほうがよいと考えお知らせすると、遺体が自宅に戻っていれば顔だけは見たいと、お参りしてくれました。

葬儀選びの事例3

故人の遺志を尊重した無宗教葬

故人はアマチュア演奏家のCさん（男性80歳）

故人の遺志で無宗教の葬儀を選んだ例。長くアマチュアのチェリストであったことから、後輩を中心に音楽で見送る葬儀が行われました。

会葬者の見込み人数　100人

・親族10人
・故人の友人など50人
・遺族の友人など40人

↓

喪主（妻）の考え

生前、夫はとくに信じる宗教もないので、葬儀は無宗教で行ってほしい、と言っていました。菩提寺もなく、あとで非難されるような親類もありません。生前、自然豊かな郊外の霊園を購入しているので、埋葬について宗教的な不都合はありません。

↓

音楽葬（葬儀・告別式）

●葬儀費用　180万円　※寺院費用を除く

Cさんの場合

実家の宗派なんて気にもとめていなかったCさんは、常々自分の葬儀に宗教者はいらないと公言していました。高額なお布施も納得していませんでした。そこで、妻には、もしものときは仲間の演奏で送られたいと言い、「**音楽葬**」を手がける葬儀社のパンフレットも集めていたほどです。

突然の事故で亡くなったとき、喪主である妻は、夫の遺志を尊重したいと考え、音楽で送る無宗教葬を選びました。

葬儀選びの事例4

独身のきょうだいを見送る葬儀

故人は高齢の独身者のDさん（男性85歳）

故人は独身者で身内は妹1人。蓄えもなく知り合いもほとんどない。火葬のみを行い少ない親族だけでひっそり見送った直葬の例です。

会葬者の見込み人数　5人

・親族5人

↓

喪主（妹）の考え

　生涯独身だった兄は、何度も転職をして不安定な生活をしてきました。入院生活が続いたこともあり、知り合いもほとんどいないようです。妹であるわたしと夫、そしてわたしの子と孫たちの5人で見送ることにしました。

↓

直葬（火葬のみ）

●葬儀費用　25万円　※寺院費用を除く

Dさんの場合

　故人は高齢の独身者、妹だけが身内です。葬儀を知らせる知り合いもほとんどなく、見送るのは妹の家族5人だけ。親が親しくさせてもらっていた、菩提寺の住職に火葬場に来てもらい読経をお願いしました。妹は、こんな見送り方になるなんて、と兄の生前の生活ぶりを恨みましたが、遺影《いえい》を見るといかにも幸せそうで、悔いのない人生だったのかもしれないと思い返すのでした。

葬儀選びの事例5

今後の生活を考えた質素な葬儀

故人は夫を残して急死したEさん（70歳）

父の看病疲れで持病の心臓病を悪化させて急死した母。今後、父の介護に不安な長女は、費用をかけない葬儀を希望しました。

会葬者の見込み人数　50人

・親族20人
・故人の友人など　20人
・遺族の友人など　10人

↓

長女の考え

親族や母の知り合いなどを見込むと会葬者は50人。現役世代の人は少ないようなので通夜は行わず、葬儀・告別式だけを行う一日葬を選択しました。通夜ぶるまいの費用が削減できるのでたすかります。

↓

一日葬（葬儀・告別式のみ）

●葬儀費用　80万円　※寺院費用を除く

Eさんの場合

父は、脳梗塞の後遺症から認知症を発症させ、長い時間葬儀に参列するのは無理。これも、長女が一日葬を選んだ理由の1つです。

母が亡くなってからは短期入所施設に預かってもらっていますが、将来は介護保険施設などへの入所も考えていかなくてはなりません。いまはなるべく両親の貯金に手をつけたくないので、母の葬儀はできるだけ質素に行いたいと希望する長女でした。

葬家の事情によるお墓の選び方

お墓のある人でも承継できないこともある

親からお墓を承継した場合、自分もその墓に入ることが多いのでしょうが、いろいろな事情でそれができない場合があります。

墓所が遠方で、お参りを続けるのは困難。そこに自分たちが埋葬されたら子や孫の負担が大変です。そんな人は、いま住む家の近くに墓を購入し改葬することを選択する人も多いでしょう。

自分たち夫婦には子がなく将来、無縁墓《むえんばか》になる可能性があるので、親の墓を整理して、永代供養《えいたいくよう》墓《ばか》を用意しておきたいといった人も最近増えています。

お墓のない人は将来を考えてお墓を建てる

お墓をもたない人は、どのようにお墓を購入するか。長男が墓を承継し、二男などの場合は、スペースがあれば一族の墓の近くに新しい墓を建てることも可能でしょう。それを望まない場合は、自分たち家族の住まいから便のよい場所にお墓を建てる方法もあります。

墓地を購入し、新しいお墓を建てるといった資金がなかったり、お墓を建てても承継者がいない場合などは、室内墓のような小さなお墓にしたり、永代供養墓を選ぶこともできます。

わが国では、急速に進む少子高齢社会に合わせて、新しい埋葬方法が次々に商品化され消費者に提供されています。お墓は小さな買い物ではないので、自分や子どもたちにとってどんなお墓がよいか、よく考えて選びましょう。

お墓選びの事例1

累代墓を承継する場合

会社員Aさん（男性60歳）

長男のAさんが実家の墓を承継しました。これまで菩提寺とのつき合いは両親がしていましたが、これからは自分が……と思うと、やや気が重いAさんです。

Aさんの希望

実家の菩提寺は600年の歴史を誇る名刹《めいさつ》で、父も信徒として亡くなるまで寄与しました。両親とも心の拠り所としていたようで、よいお寺さんとのつき合いだと感じていました。

お墓は長男であるわたしが承継することになりましたが、古刹《こさつ》だけにいろいろなしきたりがあり、檀家の仕事もらくではありません。ただ、ときに行われる住職の説教にやすらぎを感じることもあり、菩提寺とのつき合いもよいものだと思うこともあります。

自分の代はなんとか続けていけるでしょうが、子どもにも檀家《だんか》としてのつとめを強要してよいか悩んでいます。

自分たち夫婦が亡くなったあと、子どもの考え通りにしてもらえばよいと思っていますが。

菩提寺の墓を承継するメリット

- 墓を建てる費用がかからない
- 法要などの仏事をお願いできる
- 菩提寺ならお参りしやすい
- 住職に仏事に関して相談できる
- こちらの家庭の事情もわかってもらえる

菩提寺があるデメリット

- 檀家として、寄付などのつとめをもとめられることがある

お墓選びの事例2

遠方に累代墓がある場合

会社員Bさん（男性58歳）

子どもたちに墓参りなどの負担をかけたくないと考え、遠方にある実家の墓をしまい、家の近くに墓を建てることを決意したBさんの事例です。

実家の墓をしまいたい

↓

①親族や菩提寺の理解を得る

↓

- ②親族や菩提寺が納得してくれる
  - ↓
  - ③新しいお墓を建てる
  - ↓
  - ④へ
- ②親族や菩提寺が納得しない
  - ↓
  - ③故郷に何度も足を運び、納得してもらう
  - ↓
  - ④へ

④菩提寺の墓の閉眼供養を行う

↓

⑤菩提寺の石材店に墓の撤去作業を依頼する

↓

新しい墓の開眼供養を行い納骨する

現在のお墓
B家の菩提寺にBさんの両親、父方の祖父母、戦死した祖父の弟などが埋葬されている。

※改葬に必要な書類については159ページ～を参照。

Bさんの希望

東京で就職、結婚もして35年、故郷には両親が亡くなってからお盆に帰郷する程度。長男である自分が実家の墓を承継したが、次の世代への承継を子どもに託すとなると、法要や墓参などの負担をかけることになる。妹も故郷を離れ、実家もなくなっている。菩提寺の墓をしまいにして、東京の近郊に新しいB家の墓を建てたい。

お墓選びの事例3

夫婦に承継者がいない場合

定年後のCさん夫婦（夫70歳・妻67歳）

Cさんは三男で親の墓を承継する立場ではありません。自分たちの墓を準備したいのですが、子がいないので、どんな墓がふさわしいか悩んでいます。

Cさん夫婦の希望　立派な墓を建てても、承継する子がいなくては墓参りもしてもらえません。子がいないことをとくに気にしたことはなかったのですが、自分たちが亡くなったあとの供養のことを考えると、やはりさびしい気持ちになります。ふたりが元気なうちに、お墓の問題を解決して、安心してこれからの余生を過ごしたいと希望しています。

夫婦で入れる墓を準備したい

↓

①夫婦でよく話し合う

②永代供養墓を検討

現在のお墓
夫と妻の実家の墓はそれぞれ兄が承継しているので、ふたりが埋葬される新しい墓を準備しなくてはならない。

一般の墓（永代供養付き）	夫婦墓（永代供養付き）	永代供養墓
一般の墓で墓所の承継者がいなくなったら、墓所を整理して遺骨を園内の永代供養墓に埋葬	夫婦のみ埋葬される墓で、一定の期限が過ぎたら墓所を整理して遺骨を園内の永代供養墓に埋葬	寺院や霊園、自治体などが家族に代わり管理、供養してくれる。遺骨の埋葬形態は個別、または合葬などさまざま

↓

夫婦墓（永代供養付き）を購入

お墓選びの事例4

夫婦に娘しかいない場合

定年後のDさん夫婦（夫75歳・妻70歳）

ひとり娘に2人の孫に恵まれて幸せな老後を送るDさん夫婦。気になっているのは、男子のいない人の墓は、だれが承継するのかということです。

Dさん夫婦の希望　長男である自分は親の墓を承継し次代にわたすつもりでしたが、男子に恵まれませんでした。お墓の問題は決着しておきたいと思い、いろいろ調べてみると、少子化のせいか、われわれと同じ悩みを抱えたシニアが実に多いことがわかりました。

結局、自分たちでは決められないので長男に嫁いだ娘と、娘の夫に相談したところ、娘の夫が自分の実家の墓といっしょに改葬《かいそう》し、「**両家墓**《りょうけばか》」にしてはどうかと提案してくれました。

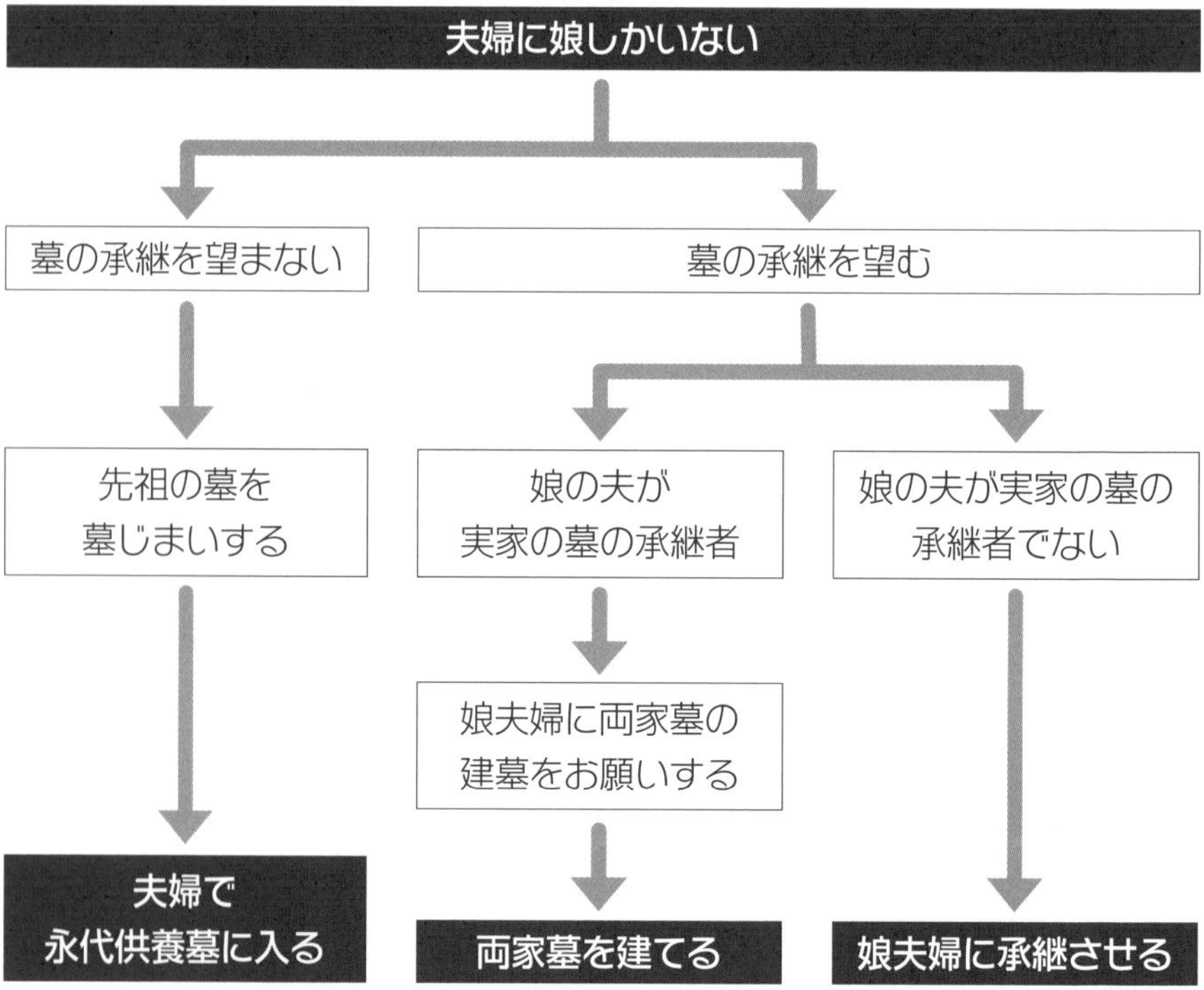

お墓選びの事例5

自身が独身の場合

女性の会社員（女性56歳）

父に続き母を亡くしたEさんは、若いころに結婚・離婚経験がありますが子はありません。実家の墓は弟が承継しましたが、自分の墓はどうすればいいか不安です。

Eさんの希望　弟はずっと実家で親と同居してきましたが、姉であるわたしは遠く離れた都会で生活してきました。仕事が忙しく、帰郷するのは数年に1回くらいになっていました。弟の子である姪や甥とも小さいころは親しく話をしましたが、成長してからはほとんど会話をしません。

両親が立て続けに亡くなり、法要の席でお墓の話が出たとき、弟は「姉ちゃんは独身なのだから実家の墓に入ればいい」と言ってくれましたが、義理の妹や姪・甥は無関心。さほど歓迎はしてくれてはいないようです。それなら、最近売り出されている永代供養の「**樹木葬**《じゅもくそう》」で供養されるほうがむしろすっきりするかなと思っています。

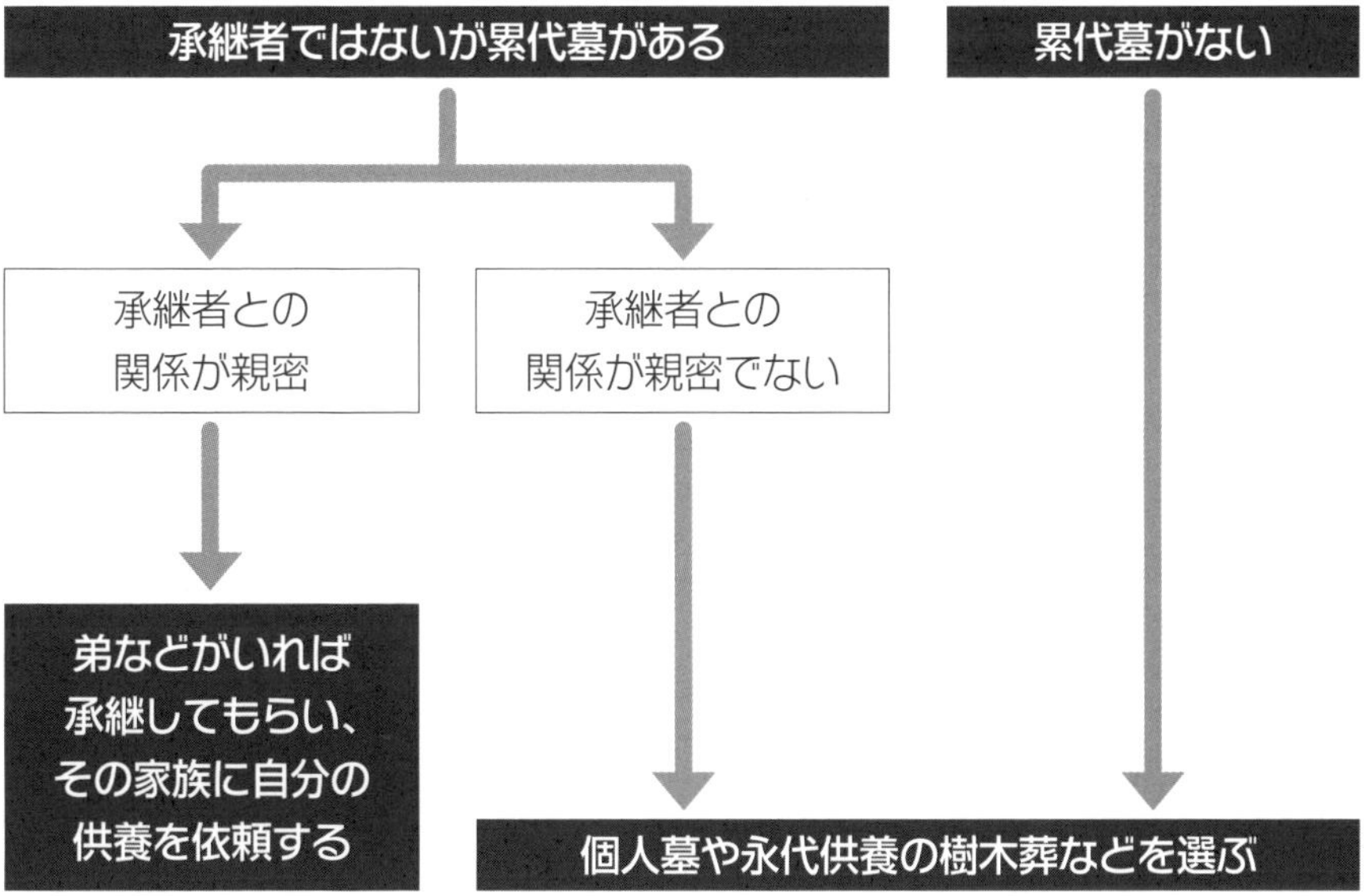

お墓選びの事例6

お墓に費用をかけたくない場合

夫を亡くし質素に暮らす女性（女性72歳）

一昨年夫を亡くしましたが、まだ墓がなく遺骨は家に。早く納骨したいのですが、お金がありません。子どもたちも余裕がなく、どうすればいいか困っています。

Fさんの希望　夫は7人兄弟の3番目で、お墓を承継する立場にありませんでした。四十九日忌は無理でも、せめて一周忌までにはお墓を建てたいと思いましたが、250万円と言われてとても無理と思いました。3人いる子どもたちも毎日の生活に追われ、墓の資金まで余裕はありません。

早く安らかに眠らせてあげたいのですが、よい方法が見つかりませんでした。そんなある日、公営墓地の壁型納骨施設の募集の記事を読みました。その墓なら子どもに承継することもできるので無縁墓《むえんばか》になる心配もないようです。近く募集があるようなので応募してみます。

お墓に費用をかけたくない

↓

自分のあとに承継する子がいる	自分のあとに承継する子がない
↓	↓
・比較的安価な郊外などの芝生墓地を検討する ・予算を決めて石材店に相談する ・長期のローンなども検討する	・民間の永代供養墓を選ぶ ・公営の永代供養墓を希望する

第2章

小さな葬儀・一般葬の準備と進め方

家族が亡くなったら、葬儀の前にすること

●臨終の立ち会い

医師から臨終を告げられたら、「**末期《まつご》の水《みず》**」を取ります。

これは、死の間際に水を与え、死者の蘇生とあの世で喉が渇かないようにという願いを込めた儀式です。

しかし病院などでは「**臨終**」を「死の宣告」として用いているため、一般的に亡くなった後の儀式となっています。

末期の水は、脱脂綿やガーゼに水を含ませ、故人の唇を軽く湿らせる程度に触れます。

最初に配偶者、次に血縁の深い順番に行い、臨終に立ち会った人全員が行います。

病院で亡くなった場合は、このあと看護師によって、清拭《せいしき》（アルコールで全身を拭く）やエンゼルケア（体液が出ないよう、鼻などに脱脂綿を詰める）が施されます。

●各所への連絡

①身内への連絡

危篤の連絡をしてある場合でも、親族や親しい友人にはあらためて死去の連絡を入れます。

②寺院への連絡

寺院によっては葬儀社を指定することもあるので、菩提寺がある場合は早急に連絡し、葬儀の日程を相談します。菩提寺が遠方にある場合も、菩提寺に相談して同じ宗派の寺院を紹介してもらう方法もあります。

③葬儀社への連絡

葬儀社が決まっていれば、病院から電話して、遺体の搬送をお願

いします。24時間対応が一般的なので何時に電話してもかまいません。葬儀社が決まっていない場合は、病院に出入りする業者を紹介してもらい、遺体の搬送を依頼しましょう。その業者に搬送だけでなく葬儀全体を依頼することもできますが、ほかの業者と比較したい場合は、搬送だけを依頼することもできます。

④訃報の連絡

葬儀の日程が確定したら、勤務先や町内会、通学先などに、通夜と告別式の日時、場所、電話番号を連絡します。場所がわかりづらいときは地図をＦＡＸしましょう。

遺体の安置

末期の水

箸などの先に脱脂綿やガーゼを
巻き、茶碗などの水をつける
唇が軽く湿る
程度に触れる

遺体の安置

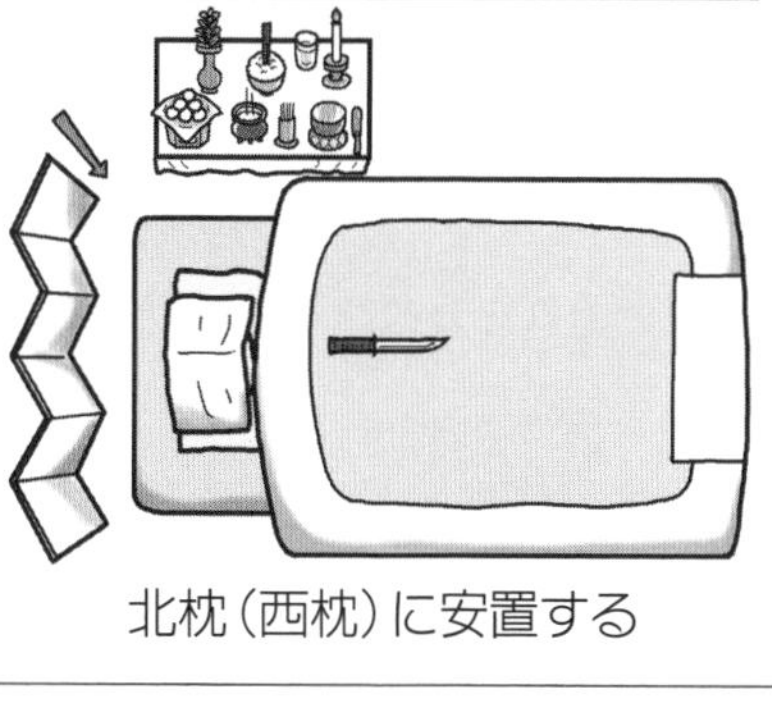

北枕（西枕）に安置する

仏式の枕飾り

臨終から通夜までの流れ

臨終	
①末期《まつご》の水《みず》	臨終に立ち会っている人たちだけで末期の水をとる
②死亡の連絡	家族、親族など知らせるべき人に連絡をとる
③寝台車を手配する	葬儀社が決まっている場合は手配を依頼する。決まっていない場合は病院に紹介してもらい、搬送と遺体の安置を依頼する
④退院	担当医から死亡診断書を受け取り、退院手続きをする
⑤寺院などへ連絡	菩提寺に連絡し、宗派によっては枕経のお願いをする
⑥遺体安置	搬送先に遺体を安置し、枕飾《まくらかざ》りを設置する。自宅に搬送できない場合は葬儀社に相談する
⑦枕経《まくらきょう》	菩提寺の僧侶にお経をあげてもらう
⑧葬儀社を探す	いくつか業者を選び、見積もりを出してもらう
⑨葬儀日程の決定	お通夜、葬儀、火葬、初七日法要などの日程について、寺院に相談し葬儀社と打ち合わせする
⑩式場の決定	自宅以外で葬儀を行う場合は、式場を探し、葬儀社に日程を調整してもらう
⑪訃報《ふほう》の連絡	勤務先や町内会、通学先などに、日程とあわせて連絡する
⑫死亡届を出す（葬儀社が代行）	押印した死亡届を役所に提出し、火葬許可証を取得する

⑬寺院に再確認	日程が決まったら、寺院に確定の連絡をし、戒名、僧侶の人数、送迎などについて確認する
⑭親族との打ち合わせ	喪主や世話役の決定、葬儀の規模や費用などを事前に打ち合わせる
⑮関係者との打ち合わせ	関係者（世話役、町内会、会社関係者など）で受付や接待係などの役割分担を決め、依頼する
⑯葬儀内容を決める	葬儀の規模、会葬人数、料理、会葬礼状、返礼品などを葬儀社と打ち合わせる

これにより、多くの場合　・祭壇の設置　・会葬御礼の手配　・料理の手配　・供花の手配　などを、葬儀社が代行する

⑰弔辞の依頼	弔辞をいただく場合は、早めに依頼する
⑱遺影《いえい》を選ぶ	写真を選び、葬儀社に渡す
⑲費用の準備	お布施、交通費、心づけなど必要な現金を見積もり、準備しておく
⑳喪服の用意	レンタルする場合は、早めの手配が必要
㉑お通夜の受付の準備	受付、人員の配置、会葬御礼を渡す方法などを確認
㉒お通夜の席順などを決める	会葬者の席順、焼香の順番、届いた供花・供物などの配置を決める
㉓お通夜の進行の打ち合わせ	お通夜の流れを、寺院や葬儀社と最終確認
㉔納棺《のうかん》	湯灌《ゆかん》を行い、死装束《しにしょうぞく》を整えて納棺し、祭壇に安置する

お通夜

●遺体の安置と納棺

①遺体の搬送

病院で亡くなった場合、エンゼルケアが終わると、遺体は霊安室に仮安置されます。しかし長く置いておけないため、自宅などへ搬送する手配が必要です。

また火葬のみを行う場合も、火葬場の霊安室に一時保管しなければならないこともあります。

②遺体の安置

搬送された遺体は、いったん通夜を行う部屋に安置します。自宅の場合は、急を聞いて駆けつける人たちのことを考え、広い部屋が適しています。

仏教では頭を北向きまたは西向きにしますが、北側に出入り口がある場合などはその限りではありません。住宅事情に合わせ、故人に対して礼を失しないことが大切です(35ページ参照)。

布団の上に清潔なシーツを敷き、薄い上掛けをかけ、顔は白いハンカチなどで覆います。

死装束《しにしょうぞく》と死化粧《しにげしょう》は、病院で行われる場合と、自宅や斎場で行われる場合があります。

死装束は葬儀社が用意してくれますが、故人が好んで着ていた服や着物を着せることも可能です。

自宅で亡くなった場合でも、葬儀社に依頼すれば、清拭《せいしき》から、エンゼルケア、着せ替え、死化粧まで、専門の業者が行ってくれます。

③枕経《まくらきょう》

仏式の場合、遺体を安置して枕飾り(35ページ参照)を設置したら、僧侶に枕経を上げてもらいます。その後、死装束と死化粧も整えます。

遺族の服装は喪服でなくてもよいので、できるだけ地味なものにし、アクセサリーも控えます。

④納棺《のうかん》

納棺とは、遺体を棺《ひつぎ》に納めることです。親族のなかには納棺に立ち会いたいという人もいるので、日時の調整に気を配りましょう。

棺の中には故人が愛用していたものなどを納めますが、燃えにくいものは避けましょう。

また遺体の防腐のため、故人の頭部や頚部、腹部などにドライアイスをあて、部屋の室温もできるだけ低くします。直射日光が差し込む部屋は遮光しましょう。

それでも亡くなってから時間が経っていると、体液が漏れ出てくることもあります。その場合は、納棺の前に再度、遺体の処置を行うこともあります。

●亡くなったあとの手続き

①死亡診断書

病院で亡くなった場合、遺体が仮安置されているあいだに、退院手続きをします。その際、医師に死亡診断書を書いてもらいましょう。死亡診断書は死亡届と一体になった用紙で、病院に用意されています。

死亡診断書は、保険金や遺族年金などの請求の際にも必要となります。原本を提出する前に複数枚コピーしておきましょう。

②死亡届

死亡届は必要事項を記入し、死亡を知った日から7日以内に役所に届けます。しかし、死亡届が処理されないと火葬できないため、亡くなったらすぐに届け出るのが一般的です。

この手続きは葬儀社でも代行してくれますので、記入を済ませたら、その後の手続きは葬儀社に任せましょう。

③火葬許可証と埋葬許可証

死亡届と同時に火葬許可申請書を提出すると、すぐに火葬許可証が交付されます。火葬の際にはこの書類が必要となります。

火葬すると、火葬許可証に火葬が終了した日時が記され、遺族に戻されます。これが埋葬許可証となるので、納骨する際に墓地の管理者に提出します。

また火葬場で分骨する際は、火葬場の管理者に分骨証明書を発行してもらいます。

葬儀にかかる費用

●葬儀社への支払い以外にも費用がかかる

葬儀にかかる費用は、次の４種類に大別されます。

①寺院などに要する費用

お経を上げてもらったり、戒名《かいみょう》をいただくときのお布施です。

お布施は気持ちで渡すもので決まった金額はありませんが、地域の慣例や、菩提寺の考え方などによって異なります。わからないときは直接寺に伺うか、寺の総代や役員に相談するとよいでしょう。

②葬儀一式の費用

葬儀一式の費用には、主に葬儀社が行うサービスに対する費用と、式場や火葬場などに支払う費用があります。

たいていの葬儀社は、臨終のあとの手配から火葬のあとの法要まで、一連のサービスをセットプランにしていますが、その内容は一様ではなく、オプションサービスなども異なります。

③飲食の費用

主に通夜と告別式後の料理（精進落《しょうじんお》とし）の代金です。

④会葬・香典などへのお礼

葬儀に参列した方への会葬のお礼や香典をいただいた方へのお礼。

●葬儀費用には幅がある

葬儀の合計費用は、基本的に葬儀の規模によって大きく異なりますが、その内訳の中で金額を左右するのが、祭壇料や式場費用、宗教者へのお礼です。祭壇料は大きさなどによって異なり、これを含む基本料金には30万円から数百万円の幅があります。

葬儀にかかる費用

寺院などに要する費用 → 仏式の場合、戒名料、読経のお礼、お車代、御膳料など

＋

葬儀一式の費用

＋

飲食に要する費用

＋

会葬のお礼の費用

（葬儀一式の費用・飲食に要する費用）→

葬儀社に支払う費用の主な内容

- ・祭壇一式
- ・棺一式
- ・仏衣一式
- ・ドライアイスなど遺体保護処置料
- ・遺影一式
- ・枕飾り一式
- ・式の司会進行
- ・式場設営、撤収
- ・車輛、通信費
- ・受付用品
- ・焼香用品
- ・祭壇用供物
- ・火葬場の手配
- ・後飾りの設営
- ・会葬礼状
- ・霊柩車、マイクロバスなど
- ・寝台車と遺体の搬送
- ・通夜ぶるまいなどの料理
- ・死亡届、火葬許可申請書の提出手続きの代行

など

式場費用

諸実費

- ・火葬、遺骨収納壺
- ・ハイヤー
- ・心づけ

葬儀にかかった費用

	全国平均額（円）	最低額（円）	最高額（円）
寺院への費用	473,000	15,000	2,150,000
葬儀一式の費用	1,214,000	50,000	5,000,000
飲食の費用	306,000	5,000	2,300,000
葬儀費用の合計	1,957,000	50,000	8,000,000

一般財団法人 日本消費者協会「第11回葬儀についてのアンケート調査」より

葬儀社の種類と選び方

●葬儀の窓口は専門業者だけではない

葬儀を取り扱うのは、専門業者のほかにさまざまな団体があります。

①葬儀専門業者

葬儀を専門に扱う業者は、地元密着型の中小企業から全国展開する大企業までさまざまです。

地元の葬儀社であれば地域の事情や慣習に精通しているため、遺族が安心して任せられるという利点があります。ただし、古くから営業している葬儀社の場合、新しい葬儀などへの対応力がやや弱い面があるようです。いっぽう大企業の場合、地域の事情などにやや弱みはありますが、葬儀のプランも充実していて、新しい葬儀にも対応してくれる業者が増えています。

葬祭業は許認可が不要なため新規参入も多く、サービスの質や内容に大きなバラつきがあります。そのため、業者を選ぶ際には、良心的な業者かどうかを見極めることが大切です。

②互助会

互助会とは会員相互が助け合うことを目的とした組織で、冠婚葬祭の際に、会員が月々積み立てた掛け金を費用に充てるしくみになっています。

満期前に死亡した場合でも不足分を納めれば利用できますが、途中解約すると手数料がかかるので加入の際にチェックが必要です。

③生活協同組合（生協）

故人が組合員でなくても、葬儀を担う家族に組合員がいれば利用できます。

葬儀社の主な種類と特徴

	良い点	注意点
葬儀専門業者	・家族経営の企業から全国規模で展開する大企業まである ・大企業は葬儀プランやサービスが充実している ・家族経営の地元の企業は地域の慣習に詳しい	・開業に許可が不要なため、サービスの質にバラつきがあり、業者を見極めなければならない
互助会	・生前に積み立てるので、急にまとまった費用を用意しなくてよい ・月々比較的安価な掛金で加入できる	・途中解約すると手数料がかかる場合が多い ・一般的に、祭壇や棺などの葬儀一式費用以外（飲食費用、火葬料など）は別途費用がかかる ・各互助会によってサービスが異なる
生活協同組合（生協）	・料金体系がわかりやすく、安価にサービスが受けられる ・無宗教葬や散骨などに対応してくれるところもある	・組合員のみが対象なので事前の相談が必要
農業協同組合（JA）	・地域の事業に精通しているため安心して任せられる	・各JAによって取扱いが異なり、葬儀社を紹介するだけの場合もある
ネット通販タイプ	・おおむね日本全国でサービスが受けられる ・インターネットで情報提供していることが多いので、情報収集しやすい ・菩提寺のない人が利用するケースが多く、しがらみのない気軽さがある	・基本的に葬儀紹介業者のため、実際の葬儀は、特約店や提携する葬儀社が行う ・葬儀社によって、サービスやクオリティーの差が大きい ・打ち合わせの前までコールセンターが対応するケースが多いため、担当者の顔が見えない不安感がある

葬儀そのものを取り仕切るのは提携する葬儀社や互助会ですが、新しいタイプの葬儀に対応してくれるところもあります。

④農業協同組合（JA）

各JAによってサービスはさまざまで、協同組合で葬儀社を保有している場合もあれば、提携している葬儀社に委託したり、葬儀社を紹介するだけの場合もあります。

⑤ネット通販タイプ

近年、話題となっているのがネット通販タイプの葬儀です。これらはネット通販方式をとる葬儀紹介業者が運営するもので、一般的に低価格をうたっていることが大きなポイントです。

実際に葬儀を行う業者と会うまではコールセンターが対応するため、顔の見えない不安感はありますが、菩提寺をもたない人の利用が増えています。

●葬儀社は早く決めたほうが安心

臨終に直面して初めて葬儀社を選ぶ場合、短い時間で葬儀社を選定しなければなりません。

とくに、病院で亡くなった場合、早急に遺体を搬送しなければなりませんが、焦って決めてしまうと後悔することがあります。その点、葬儀社が決まっていれば、遺体の搬送から葬儀全般を任せることができるので、遺族は精神的に負担が軽くなります。事前に葬儀社を決めたり、心づもりしておけばあわてずに済みます。

葬儀社を選定する際は、地域の情報に通じているか、宗教の知識があるか、見積もりの変更などに臨機応変に対応してくれるかなど、最初に連絡する際の対応の様子も参考にしましょう。また、葬祭ディレクターがいるかどうかも確認しましょう。

見積もりはできれば数社に依頼し、サービスの内容と料金を詳細に比較しましょう。

どの業者に見積もりを依頼すればよいか悩むときは、各社のホームページに記載されているプランを参考にするとよいでしょう。

葬儀社を選ぶときのポイント

①地域の情報に通じているか 葬儀のやり方は地域によってさまざま。地域独自の慣習があるところでは、無視をするとあとで遺族の立場が悪くなることもある	**②実績があり、評判がよいか** 葬儀社は許認可や届出が不要で、近年、他業種からの参入も多い。長く営業していて、できるだけ評判のよい業者を選ぶ
③料金体系が明確か 見積もりの明細が記載されていて、それぞれについてわかりやすく説明してくれるか。予算に応じたプランを立ててくれるか	**④宗教の事情に通じているか** 仏教だけでなく神道やキリスト教など、宗教・宗派によって儀式やしきたりは異なるので、それらに精通した葬儀社を選ぶ
⑤業界団体に加盟しているか 加盟していなくても良心的な葬儀社はあるが、葬儀社選びに困ったら、業界団体に加盟していることを1つのめやすにしてみる	**⑥葬祭ディレクターがいるか** 厚生労働省認定の「葬祭ディレクター技能審査」の資格をもっていれば、知識と技能が備わっていると認められる

見積もりを取るときのポイント

①複数の葬儀社に依頼する

②葬儀の規模（会葬者のめやす）、形式、お布施などを含む総予算を伝える

③各社とも見積もりに含まれる内容を同じにする

④セットプランを提示されたときは、プランに含まれないもの（追加料金が発生するもの）を確認する

⑤会葬者の人数が変わることで料金が変わるもの（料理、会葬返礼品など）の単価や、余った場合の料金、キャンセル料なども確認しておく

葬儀社との打ち合わせのしかた

トラブルを回避する打ち合わせのポイント

葬儀社との打ち合わせでは、短時間に決めなければならないことが多々あります。それでなくても身内を亡くして冷静な判断能力を失っているときに、細かなことを尋ねられると「おまかせします」と、判断をゆだねてしまいそうになりますが、そのひと言で不必要な費用がかかることにもなりかねません。

こうした事態を避けるためにも、打ち合わせ時には第三者に立ち会ってもらいましょう。この段階で世話役が決まっているならいっしょに打ち合わせに参加してもらい、決まったことは書面で確認するとよいでしょう。

また打ち合わせの前に、どのような規模の葬儀にするか、故人に近しい親族と意見をまとめておきましょう。とくに故人が家族葬や一日葬など新しいタイプの葬儀を望んでいた場合、親族の思いや地域の慣習、社会的立場などを考慮しましょう。故人の遺志だからとだれにも相談せずに進めると、親族などからクレームがくることがあります。葬儀は故人とお別れするためのものですが、遺族はそのあとも親族同士のつき合いや地域社会のなかで生活していかなければなりません。事前に周囲の理解を得ることで、よけいなトラブルを回避することが大切です。

打ち合わせの前に確認しておくこと

具体的な打ち合わせに入る前に、葬儀を行うにあたっての基本的な情報を葬儀社に伝える必要があります。

①宗教・宗派

宗教や宗派によって儀式やしきたりが異なります。また菩提寺がある場合は、必ず菩提寺に連絡します。たとえ遠方でも、納骨の際などにトラブルの原因になるので、葬儀社に菩提寺がある旨を伝えましょう。

②葬儀の規模と形式

葬儀の規模は、費用に直結します。想定される会葬者の人数によって、式場選びや祭壇の大きさなどが異なり、料理や返礼品などの数にも影響します。

また近年では、家族葬や一日葬、自由葬（無宗教葬）など、新しいタイプの葬儀を望む人も増えていま

葬儀社との打ち合わせのポイント

①「おまかせします」は禁句 「相場はいくらですか」「おまかせします」と口にしたり、不用意に3つのランクの真ん中の価格帯を選んだりするのは禁物。また、不要なものは断る姿勢も大切	**②第三者に立ち合いを頼む** 1人で話を聞くと、正しい判断ができにくかったり、相手のペースにはまりがち。経験のある親族など、第三者に立ち会ってもらうと安心
③家族で意思の疎通を図る 葬儀の形式や規模、予算、どのような式にしたいかなど、あらかじめ家族で話し合っておくと、あとあと身内から不満が出ず、葬儀社との打ち合わせもスムーズになる	**④故人の遺志を伝える** 葬儀の形式や式場、あるいは演出方法、葬儀全体の総予算など、故人の遺志がある場合は、その旨を葬儀社に伝え、実現可能か相談する
⑤日程・式場に対する要望 日程は菩提寺や式場・火葬場の都合が優先されるのが実情だが、遠方の親戚などの到着時間も配慮する。式場は交通のアクセスを考慮して決める	**⑥費用の細目についての確認** 提示された見積もりに対し、内訳細目の確認をする。会葬者などの増減はいつまで対応可能か、数が減った場合の清算の仕方やキャンセル料など

す。しかし具体的な葬儀のイメージが浸透していないことも多いため、どのような葬儀で故人を見送りたいのかを、細かく伝える必要があります。

③予算

葬儀全体の予算を伝えます。

すでに寺院などの宗教者や式場を手配している場合は、その額も伝え、総額のなかで葬儀一式や飲食、返礼品などの費用も考慮しましょう。

また会葬者数が予想と大幅に異なったときなど、追加分の費用が必要になることも頭に入れておくとよいでしょう。

④菩提寺や親族の都合

菩提寺の都合や遠方の親戚などの到着時間がわかっていると、最終的な日程の調整がスムーズに行えます。

⑤世話役

喪主や遺族は葬儀の段取りや雑事に追われるため、葬儀全体を取り仕切る世話役が必要です。とくに規模の大きい葬儀では、世話役の元で実務を行ってくれる人もお願いしましょう。

●まずは日程の調整と式場の選定

打ち合わせでは細かな内容まで詰めなければなりませんが、最優先となるのが日程と式場です。

・葬儀の日程

菩提寺の都合、式場と火葬場の空き状況、遠方の親戚などの到着時間をもとに日程の調整を行います。菩提寺がない場合は、葬儀社が手配してくれます。

・式場

自宅で葬儀が行われることが少なくなった昨今、葬儀は式場選びから始まると言っても過言ではありません。

葬儀社が式場を持っている場合は日程の融通がききますが、それ以外で行う場合は、葬儀社に早めに手配してもらいましょう。

葬儀会場の主な種類と特徴

	良い点	注意点
葬儀専用の式場	・施設や設備が充実している ・比較的日程の融通がきく ・宿泊施設や入浴設備などが整っているところもある	・葬儀社直営の式場の場合、ほかの葬儀社は利用できない
寺院	・檀家であれば、本堂などを優先的に利用できる ・寺院に併設された貸し式場であれば、宗派に関係なく利用できることもある	・寺院によっては葬儀社が限定される ・檀家が優先されるため、希望の日時に利用できないこともある
公営斎場	・利用料が安い ・火葬場が併設されているところもあり、1カ所で通夜から火葬まで済ませられる	・居住者以外は利用できないところもあるが、別料金が設定され利用できるところもある ・申込が多く、日程の調整がしにくい
自宅	・利用料が不要 ・故人の住み慣れた場所でゆっくりとお別れができる ・近隣の人が弔問に訪れやすい	・部屋を片づける労力がかかる ・近隣への気遣いが必要 ・会葬者の控え室や駐車場の確保が難しい ・結果的に親族が動くことが増える

世話役の役割

世話役代表
喪主と相談しながら、葬儀全般のサポートをする

- **受付係**　香典や供物を受け取り、芳名帳・供物帳を管理する
- **会計係**　出納帳の記入、香典の管理など、葬儀の経理全般を受け持つ
- **接待係**　茶菓や通夜ぶるまいなどを用意し、弔問客をもてなす。葬儀社に依頼することもある
- **進行係**　葬儀の司会進行を担う。葬儀社に依頼することもある

菩提寺への連絡と戒名について

●まずは菩提寺に連絡する

葬儀を行うにあたって、その中心的な役割を担うのが菩提寺です。納骨までの法要や、次世代へと続く長いつき合いを考慮して対応しましょう。

・菩提寺が近くにある場合

亡くなったことを親族に伝えたら、次に連絡すべきなのは菩提寺です。寺院によっては、葬儀社を指定するところもあります。

枕経を上げてもらう場合は依頼をし、葬儀の日程を相談します。葬儀を執り行う僧侶の人数や戒名などの相談は枕経のあとでもよいのですが、式場をおさえる必要がある場合は、早めに日程を確認しておきましょう。

・菩提寺が遠方にある場合

葬儀社が「手配できる」と提案したとしても、まず、菩提寺に連絡します。寺院によっては同じ宗派の近くのお寺を紹介してくれることもあります。

この場合、読経のみお願いして、戒名は菩提寺から受けるようにします。

・菩提寺がない場合

宗派に合わせて、葬儀社が紹介してくれるので、読経のみをお願いすることも可能です。

埋葬する寺院に心づもりがあるなら、葬儀をお願いした僧侶に戒名をいただかないようにします。寺院墓地ではなく、霊園などに埋葬される場合は、葬儀社が手配した宗教者に戒名をいただくこともあります。ただし、葬儀は俗名のままでもできるので、戒名を急ぐことはありません。

●戒名がないと寺院に埋葬できない

「戒名《かいみょう》」とは仏の弟子としての名前のことで、浄土真宗では「法名《ほうみょう》」、日蓮宗では「法号《ほうごう》」が正式名称です。

本来の戒名はどの人も二字ですが、故人の信仰の深さや社会的な地位などによって位が高くなると、院号《いんごう》や位号が加えられます。

基本的に戒名がないと寺院に埋葬できません。ただし仏教以外の宗教や、特定の宗派に属さない公営霊園などに埋葬する場合は、戒名をつけなくても可能です。

戒名とお布施

●戒名の構成

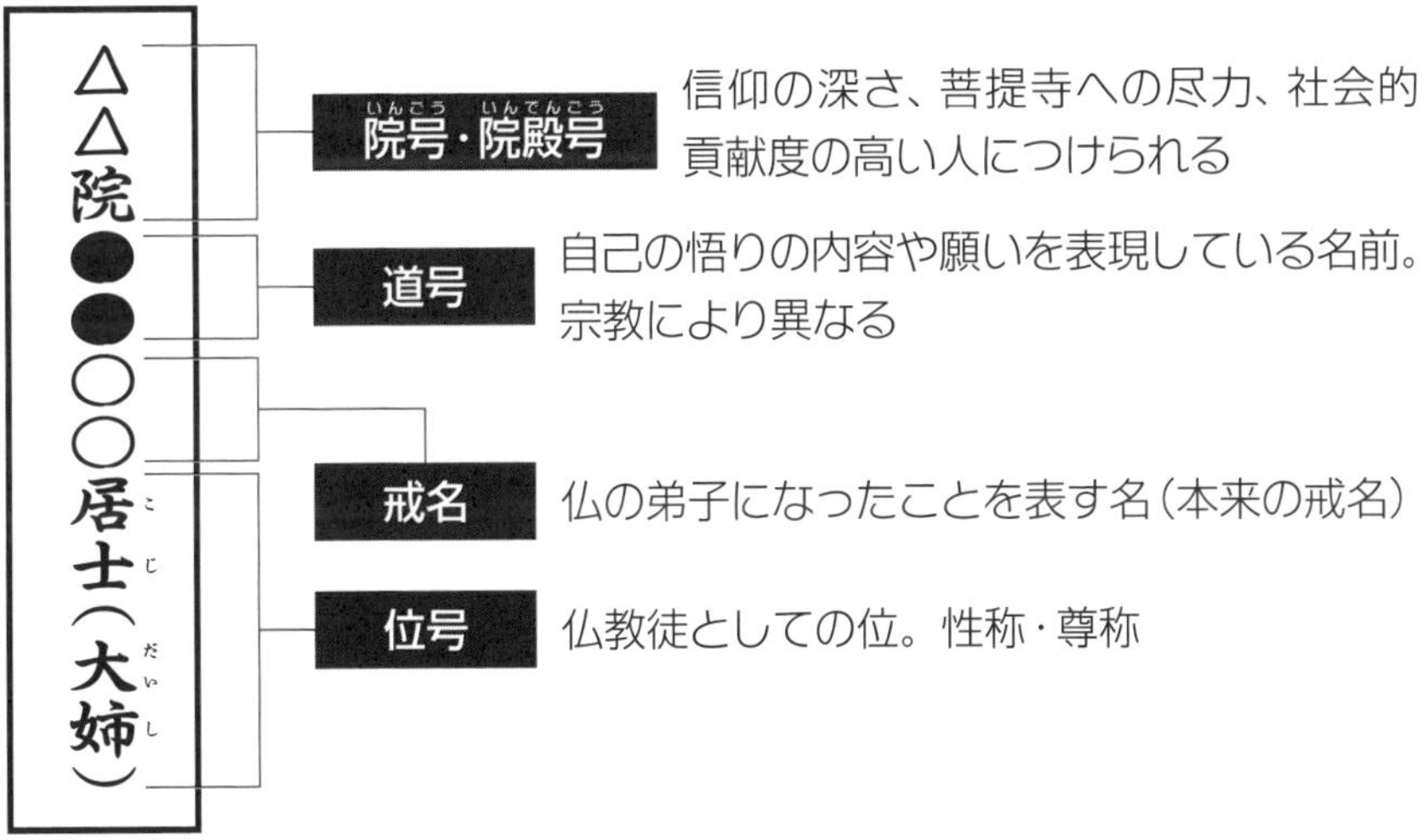
△△院●●○○居士《こじ》（大姉《だいし》）
院号《いんごう》・院殿号《いんでんごう》
信仰の深さ、菩提寺への尽力、社会的貢献度の高い人につけられる
道号
自己の悟りの内容や願いを表現している名前。宗教により異なる
戒名
仏の弟子になったことを表す名（本来の戒名）
位号
仏教徒としての位。性称・尊称

●葬儀社に依頼した場合のお布施のめやす

男性	女性	戒名	読経	計
○○信士《しんじ》	○○信女《しんにょ》	15万円	15万円	30万円
○○居士《こじ》	○○大姉《だいし》	25万円	25万円	50万円
△△院●●○○居士	△△院●●○○大姉	80万円	40万円	120万円

※僧侶1名、読経は通夜、葬儀、初七日忌の分　　出典：メモリアルアートの大野屋「葬祭豆事典」より

仏式の通夜と通夜ぶるまい

●通夜と半通夜

通夜は本来、故人と親しい人がひと晩じゅういっしょに過ごす儀式でした。しかし昨今は、夜6～7時から行われる2時間程度の「**半通夜**《はんつや》」が一般的です。

斎場で行う場合、宿泊施設がないところや、夜間の付き添いができないところもあるので、故人と最後の夜を過ごしたいときは式場を選ぶ際に確認しましょう。

●通夜の席次と流れ

通夜を司《つかさど》るのは僧侶です。規模が大きい場合などは司会者が一部進行することもありますが、参列者は着席して僧侶を迎え、読経が始まるのを待ちます。

読経は通常30～40分くらいで、この間に僧侶の案内に従って、焼香するのが一般的です。

祭壇の近くから、喪主、故人の子ども、親、兄弟、親族というように、故人と縁の深かった順に座り、焼香もこの順で行います。

●通夜ぶるまい

通夜のあと、別室で参列者に酒や食事をふるまい、お清めすることを「**通夜ぶるまい**」といいます。通常1時間ほどで、僧侶にも同席してもらいます。僧侶が辞退されたときは、御膳料と御車代を渡します。

また地方によっては通夜ぶるまいの習慣がなく、食事代わりの返礼品を渡すところもあります。

仏式の通夜の一般的な流れ

参列者入場	喪主、遺族、親族、参列者が入場し、着席
僧侶入場	参列者は僧侶を迎える
開式の辞	司会者より開式のあいさつ
読経開始	僧侶の読経が始まる
参列者焼香 （読経終了）	僧侶の案内に従い、焼香を始める。喪主、遺族、親族以下、故人と親交の深い順に焼香する。そのほかの参列者は席次順または到着順に焼香。その際、参列者の黙礼に、遺族は黙礼を返す
僧侶の法話	僧侶が故人を偲んで仏教の話をする
僧侶退席	一同で僧侶を見送る
喪主のあいさつ	参列のお礼と通夜ぶるまいの案内をする
閉式の辞	司会者より閉式のあいさつ
通夜ぶるまい	故人を偲び、会食をする

●通夜、葬儀・告別式の席次

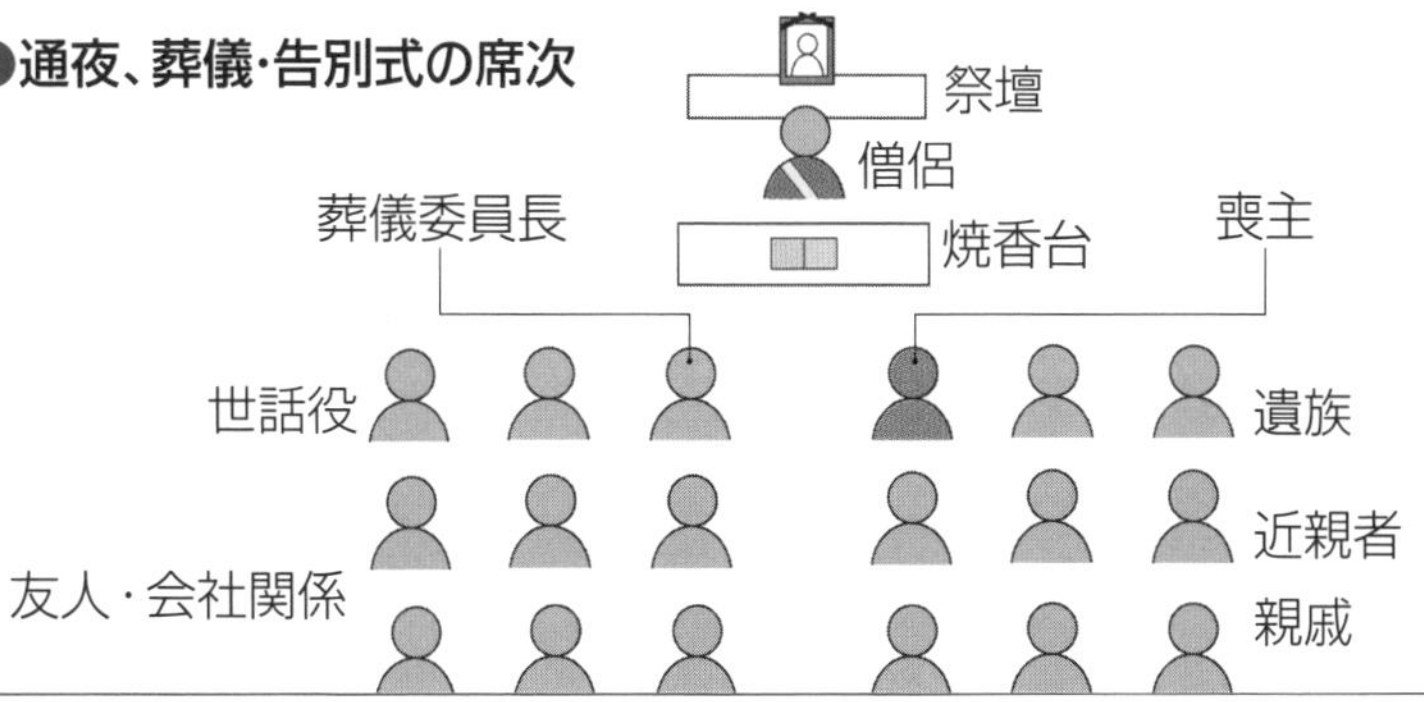

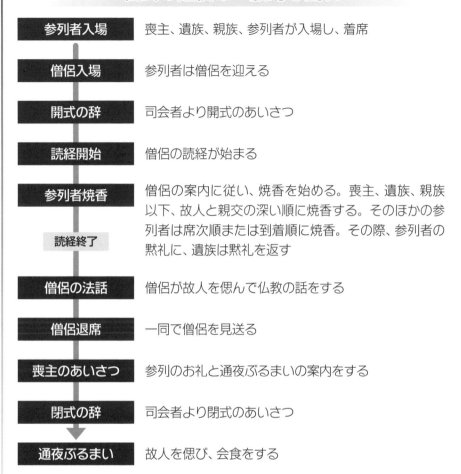

仏式の葬儀・告別式

●葬儀と告別式

本来、葬儀は導師のもと遺族や近親者が故人の冥福を祈る宗教的な儀式です。いっぽう告別式は、葬儀が終わったあとに、友人や知人が最後のお別れをする儀式で、2つは別々の意味合いをもっています。

しかし最近は、大規模な葬儀以外は、告別式もまとめて行うことが一般的になっています。

僧侶が入場すると読経が行われますが、その終わりに引導《いんどう》が読み上げられます。

俗に言う「引導を渡す」ということばの語源で、死者が現世への未練や迷いを断ち切って、来世へと旅立てるように導く行為です。これは宗派によって方法が異なります。

●弔辞と弔電の披露

席次は通夜と同様ですが、弔辞を読む人は前席に座ります。

弔辞は葬儀の規模によって行われることもありますが、行われないこともあります。

依頼するときは、内容が同じにならないよう、故人との関係性が異なる人選をしましょう。また依頼された人は準備が必要なため、葬儀の日程が決まったら、できるだけ早めにお願いします。

弔電は2～3通読み上げたら、あとは名前だけ紹介することが多いです。葬儀・告別式は、通夜と異なり出棺の時間を厳守しなければならないため、弔電で時間の調整をはかることもあります。

仏式の葬儀・告別式から出棺までの一般的な流れ

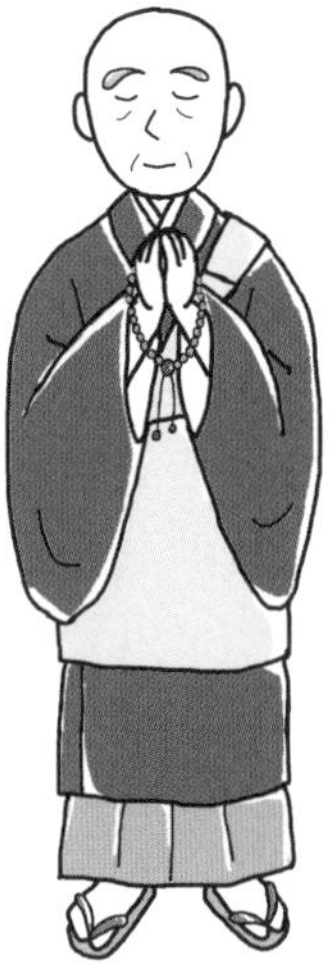

参列者入場	喪主、遺族、親族、参列者が入場し、着席
導師入場	一同で僧侶を迎える
開式の辞	司会者より開式のあいさつ
読経・引導	僧侶が読経し、故人に引導を渡す
弔辞拝受	弔辞を読み、祭壇に供える
弔電披露	司会者が弔電を読み上げる
読経	僧侶の読経が続く
参列者焼香	僧侶が読経するなか、司会者の誘導で焼香を始める。喪主から順に焼香し、友人・知人は席順または到着順に焼香。遺族は座ったまま黙礼する
僧侶退席	一同で僧侶を見送る
閉式の辞	司会者より閉式のあいさつ（ここまでが葬儀・告別式）
最後の別れ	遺族・親族らが祭壇に飾られている生花を棺の中に入れて最後のお別れをする（別れ花）。棺のふたを閉じたあとの「釘打ち」の儀式は、省略することが多い
喪主のあいさつ	霊柩車に柩をのせたのち、見送りに並んだ弔問客に、喪主が会葬のお礼を述べる
出棺	火葬場へ向かう

（※宗派によって異なります）

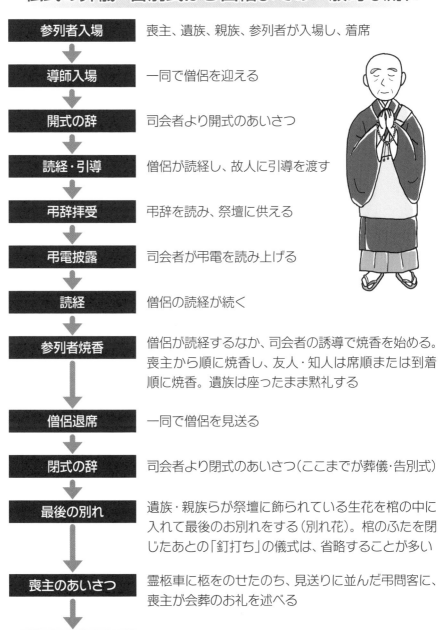

キリスト教式の葬儀の執り行い方

●カトリックの葬儀

キリスト教の葬儀は教派によって儀式や式次第が異なります。

カトリックの葬儀は、故人の罪を許してもらい、永遠の安息を得られるようにと祈る儀式です。

そのため本人の意識があるうちに神父を呼び、「**病者《びょうしゃ》の塗油《とゆ》（終油《しゅうゆ》の秘蹟《ひせき》）**」という儀式を行ってもらいます。また亡くなる直前または直後には、パンとぶどう酒を口に含ませる「**聖体拝領《せいたいはいりょう》**」が行われます。その後、遺体を清めたら納棺式《のうかんしき》が行われます。

キリスト教の通夜は、日本の風習に合わせて作られたもので、カトリックの場合、「**通夜の集い**」「**通夜の祈り**」と呼ばれます。

カトリックの正式な葬儀では「告別式」はないので、教会の了承を得たほうがよいでしょう。

●プロテスタントの葬儀

プロテスタントの場合も、信者が危篤状態になったら所属する教会の牧師を呼び、「**聖餐式《せいさんしき》**」を行います。これはカトリックの聖体拝領に相当し、パンとぶどう酒を与え、安らかに天国に召されるようにと祈る儀式です。

プロテスタントの葬儀はカトリックに比べて簡素で柔軟性があり、一般的に葬儀と告別式を分けずに行われます。ただし教派が数百以上あるといわれるので、儀式のやり方などは、故人が属していた教会に相談したほうがよいでしょう。

カトリックの納棺から葬儀までの主な流れ

納棺式

遺体を清めて着替えさせたら、胸の上で手を組ませ、ロザリオを持たせる。遺族や近親者が取り囲むなか、神父が納棺のことばを捧げ、聖書の朗読、聖歌斉唱、祈りを行ったのち、遺体を棺に納める

↓

通夜の集い／通夜の祈り

聖歌斉唱、聖書朗読、神父の説教、一同による祈り、献香（香を焚いて振りかける）や献花、遺族のあいさつなどが行われる。式次第のあとに茶話会が催されることもある

↓

葬儀ミサ

「入堂式」（祈りのことばを唱えたのち、神父が入祭のことばを述べる）、「ことばの典礼」（聖書朗読、福音書の朗読、神父の説教など）、「感謝の典礼」（パンとぶどう酒を祭壇に捧げる、聖歌合唱など）、「赦祷式」（聖水をかけて故人の罪を清める、散香、祈祷、聖歌斉唱など）

↓

告別式

聖歌斉唱、神父のことば、献香、撒水（棺を聖水で清める）、告別の祈りなどののち、神父は退場。その後、司会者の進行によって、弔辞・弔電の紹介、遺族代表のあいさつ、献花と聖歌斉唱などが執り行われる

プロテスタントの納棺から葬儀までの主な流れ

納棺式

牧師が開式を告げ、聖書朗読、祈りを捧げたのち、遺族の手で遺体を棺に納める

↓

前夜式《せんやしき》／前夜祭

賛美歌斉唱、聖書朗読、祈りを捧げ、牧師が故人を偲ぶ説教をする。その後、献花し、遺族があいさつする。式次第のあとに茶話会が催されることもある

↓

葬儀・告別式

オルガン演奏のなか、牧師、柩、喪主、遺族が入場。聖書朗読、祈祷、賛美歌斉唱、牧師の説教などののち、弔辞・弔電の紹介、賛美歌斉唱、告別の祈り、遺族代表のあいさつ、献花などが行われる

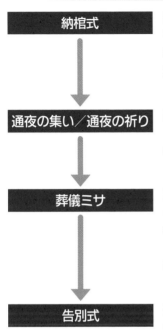

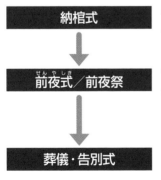

神葬祭の執り行い方

●臨終から納棺まで

神道では死をけがれたものとするため、通夜や葬儀は神社で行わず、自宅や斎場で執り行います。

仏式同様、亡くなったら末期の水をとり、清拭、死化粧をして遺体を安置します。その後、神式の枕飾りをして神官を招き、「**枕直《まくらなお》しの儀《ぎ》**」と「**納棺の儀**」を行いますが、現在は略式で行われることが多く、身内だけで拝礼し、納棺するケースが増えています。

「枕直しの儀」において亡くなったことを報告(帰幽奉告《きゆうほうこく》)したのち、神棚にけがれ除けの半紙を貼って、忌明けまで神棚封(かみだなふう)じをします。

また拝礼の作法は二礼二拍手一礼ですが、忌が明けるまでは拍手の際にしのび手(音を立てない拍手)にします。

●通夜祭・遷霊祭と葬場祭

仏式の通夜にあたるのが「**通夜《つや》祭《さい》**」と「**遷霊祭《せんれいさい》**」です。

●葬儀の流れ

「遷霊祭」は、故人の魂を霊璽《れいじ》(仏式の位牌《いはい》にあたる)に移す儀式です。斎主《さいしゅ》(式を司る神職)によって「遷霊の儀」が執り行われたあと、祭壇に玉串を捧げます(玉串奉《たまぐしほう》奠《てん》)。

遷霊祭が終わったら、仏式の通夜ぶるまいにあたる「**直会《なおらい》**」を催します。神道では肉も魚も禁じていませんが、火を使ってはいけないため仕出しを手配しましょう。

仏式の葬儀・告別式にあたるのが「**葬場祭《そうじょうさい》**」で、弔辞・弔電の紹介なども行われます。

神式の臨終後から葬儀までの主な流れ

流れ	内容
臨終・遺体の安置	末期の水をとり、清拭、死化粧をする。搬送後、遺体を安置し、枕飾りをする
↓	
枕直しの儀	神官を招き、「帰幽奉告《きゆうほうこく》の儀《ぎ》」（亡くなったことを神に報告する儀式）を行うが、近年は身内による拝礼のみが多い。亡くなったことを報告したら、半紙を神棚に貼る（神棚封じ）
↓	
納棺の儀	故人に神衣を着せ、遺体を棺に納める。近年、神官が立ち会わないことも多い
↓	
通夜祭	まず、会場入り口にて「手水《ちょうず》の儀《ぎ》」（手と口をすすぐ）を行う。斎主が祭詞を唱え、喪主、遺族、親族の順に玉串を奉奠する
↓	
遷霊祭	室内の明かりをすべて消し、斎主によって遷霊が行われる。一連の儀式ののち、直会が催される
↓	
葬場祭	「手水の儀」ののち開式。斎主によるお祓い（「修《しゅ》祓《はつ》の儀《ぎ》」）、斎員《さいいん》（参列者）による供物のお供え（「献饌《けんせん》・奉幣《ほうへい》の儀《ぎ》」）、斎主による祝詞の奏上などののち、弔辞・弔電を披露。玉串奉奠をし、祭壇の供物を下げる（「撤饌《てっせん》・撤幣《てっへい》の儀《ぎ》」）

家族葬と一般葬の費用面での違い

●近年、話題の「家族葬」

近年、「小規模な葬儀」と話題になっている新しい葬儀のタイプの代表が**「家族葬」**です。

「家族葬」とは、家族を中心に近親者やごく親しい関係にある人だけで行う葬儀のことです。

都市部を中心に家族葬が増えているのは、故人の年齢が高くなっていることと関係が深いと考えられています。

会葬者がごく親しい人たちに限られることで余計な気遣いをせずに済み、遺族や会葬者が故人とゆっくりお別れができるのが特徴です。

●費用はアレンジ次第で安くなる

「家族葬」は決まった形式の葬儀を指すものではなく、宗教を問わず、また無宗教葬で自由に行うこともできます。

そのため葬儀の内容によっては、一般葬とそれほど費用が変わらない場合もあります。会葬者が少ない分、香典を葬儀の費用に見込めないことも考慮する必要があります。

ただ規模が小さい分、飲食費や返礼品にかかる費用が少なくなったり、近親者のみの場合は返礼品や会葬礼状を省略することもあります。

また豪華な祭壇をシンプルにしたり、祭壇を設置せず、棺の周りに生花を飾るなど、故人らしいアレンジをすることで、費用をおさえることもできます。

家族葬の良い点と注意点

良い点	注意点
・家族が、故人とのお別れの時間をゆっくり過ごすことができる ・義理で参列する人がいないため、よけいな気遣いがいらない ・比較的自由度が高いため、故人や遺族の思いを反映しやすい	・故人と最後のお別れをしたかった、といった思いをくみとれない ・会葬辞退とはっきり伝えないと、予想以上に会葬者が来ることがある ・香典を葬儀の費用に見込めない ・葬儀後に亡くなった知らせを受けた人の弔問が、いつまでも続くことがある

一般葬と家族葬の費用の例

（単位:円）

	一般葬（仏式）の見積もりの例	家族葬（仏式）の見積もりの例
祭壇（※）	360,000	90,000
お棺・その他	583,000	324,000
看板	55,000	
霊柩車他車両	23区内式場設定　144,000	23区内式場設定　144,000
供花	喪主1対　30,000	喪主1対　30,000
返礼品	100個　50,000	20個　10,000
料理	親戚20名、一般80名　418,000	親戚20名　232,000
合計	税別　1,640,000 税込　1,771,200	税別　830,000 税込　896,400
立替金	火葬場への支払　326,000	火葬場への支払　306,000
合計	合計　2,097,200	合計　1,202,400

※会員になれば料金の割引もあり

（資料提供:メモリアルアートの大野屋）

小さな葬儀

家族葬の執り行い方

仏式で家族葬を行う場合

家族葬はどのような形式でもできますが、現在、その9割が仏式です。仏式で行う場合は、一般葬と同様にまず菩提寺に連絡し、家族葬にしたい旨を相談しましょう。

基本的に、通夜、葬儀、告別式の式次第は一般葬といっしょですが、通夜を身内だけで過ごしたい場合、要望に応じてくれるところもあります。

通夜に僧侶を招かないときは、式次第にこだわることはなく、開式のあいさつのあと献杯《けんぱい》をして、そのまま会食に移ることもできます。会食中は、思い出話をしたり生前のビデオなどを見たりして、故人を偲ぶのもよいでしょう。

菩提寺がない場合は、葬儀社に依頼すれば僧侶を紹介してくれます。故人の宗派がわかれば、その宗派の僧侶の紹介を依頼しましょう。戒名をいただくこともできますし、葬儀後の法要などもお願いできます。

後悔しない家族葬にするためのポイント

家族葬はまだ一般的に浸透していないこともあり、納得できる葬儀にするためには、参列者への連絡のしかたと葬儀社選びが大きなポイントとなります。

葬儀社は、家族葬に慣れていて、柔軟に対応してくれる業者がよいでしょう。また故人らしさを演出するためにも、一般葬のとき以上に具体的なイメージを伝えましょう。

家族葬を行うときの連絡のポイント

・葬儀に参列してもらう人をあらかじめ決めておく。事前に決めていなかった場合は故人に最も近い親族と相談し、参列してもらう人の範囲を決める

・逝去の連絡をしなかった人へ、どのような方法で知らせるかを決めておく。交友関係が広い場合は、後日、お別れの会を行うことで、自宅への弔問が続くことへの対策をとることもできる

・逝去の連絡をする際に、「近親者のみで葬式を行うため、参列は遠慮願う」旨を確実に伝える

家族葬ならではの演出の例

参列者全員が手紙を読む

参列者が少なければ、全員が故人に声をかけられる

柩を囲んで座る

事前に僧侶の了解が得られれば、柩を取り囲んでの葬式もできる

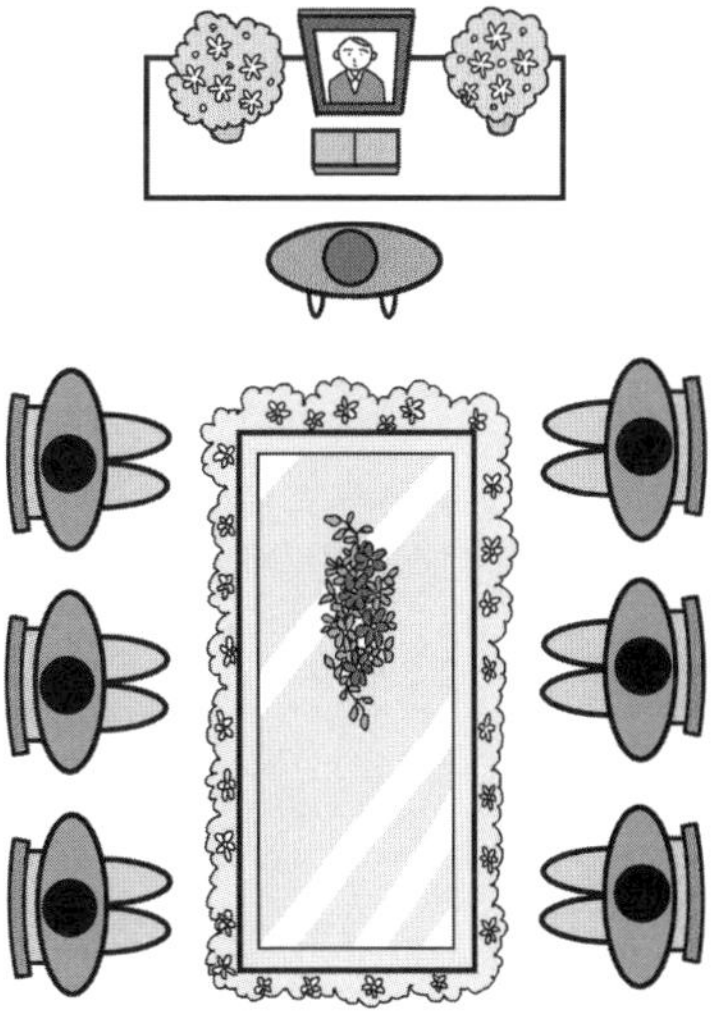

家族葬の事例1

本人の遺志により家族葬に

喪主は会社員Aさん（48歳）

73歳で他界した父親は、母親が亡くなったのを機に「終活」の準備を始めました。Aさんは父親の遺志を尊重し、家族葬を行いました。

Aさんの満足の声　父は、生前から自分の葬儀についてエンディングノートにまとめていました。私や親族にもその話をしていましたし、どうやら菩提寺にも相談に行っていたようです。計画好きで手回しのいい父らしいと思いました。ですから、何の迷いもなく家族葬にしました。きっと私たち遺族のことを考えてくれたのでしょう。父には感謝しています。

●自分自身が望む葬儀のかたち

全体数　1875（複数回答）

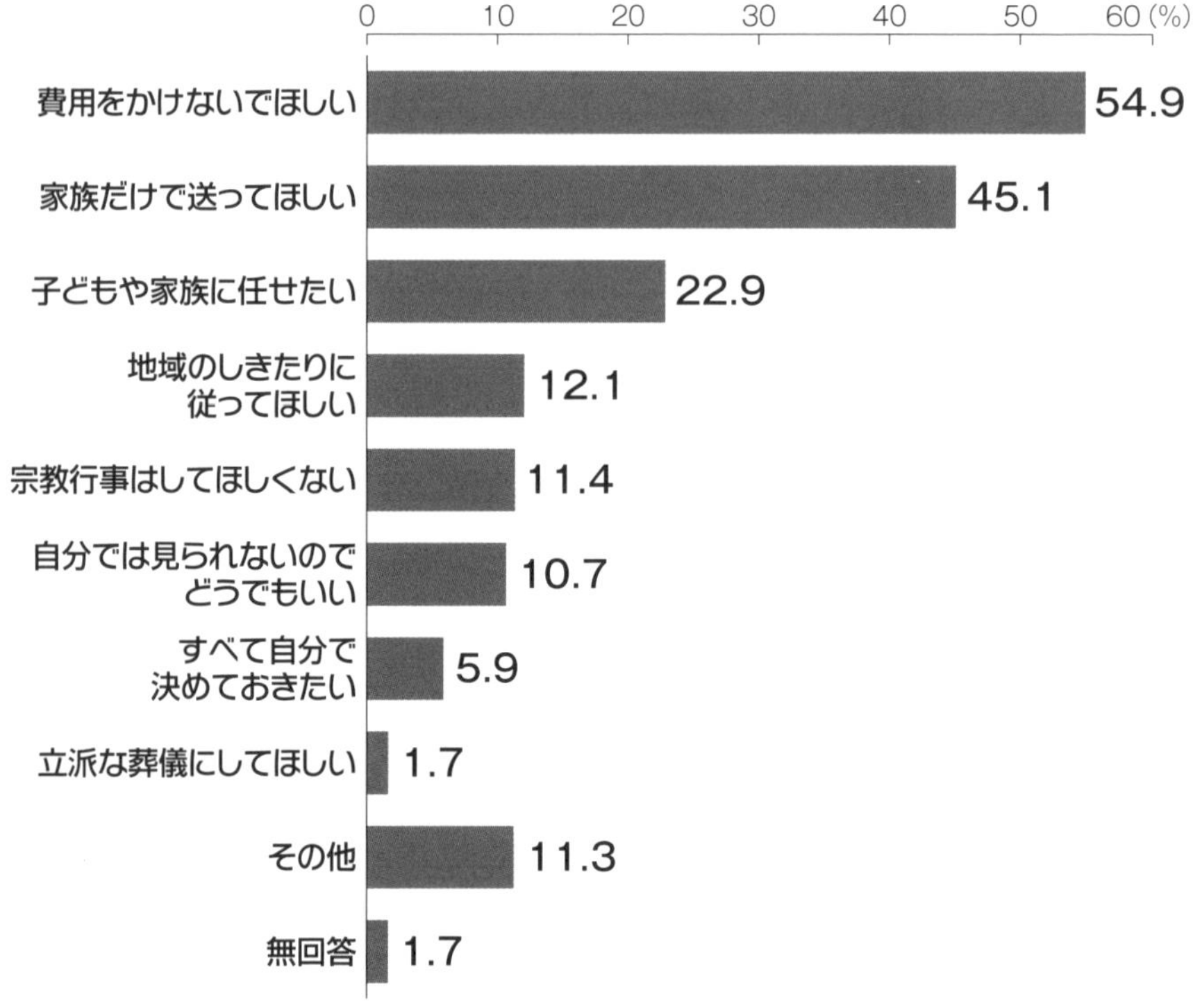

一般財団法人 日本消費者協会「第11回　葬儀についてのアンケート調査」より

闘病の果てに亡くなった母を送り出す

喪主は自営業Bさん（57歳）

長いあいだ病床にあった母親を見送ったBさん。周囲とのつき合いもなく、母の兄弟たちも既に他界していることもあり、家族葬を選びました。

●Bさんの仏式家族葬の例

納棺

・死化粧を遺族が行う
・枕経は上げず、葬儀社の手伝いで納棺する

↓

通夜

・僧侶を招かず、戒名のみいただく
・献花
・通夜ぶるまい
・通夜の後、遺族が交代で故人に付き添う

↓

葬儀・告別式

・葬儀社の司会で進行
・読経・引導（葬儀のみ菩提寺に依頼）
・子ども・孫たちからのお別れのことば
・弔電拝読
・焼香

↓

火葬

・全員で最後のお別れをする

Bさんの満足の声

長く床についていたこともあり、母は随分とやせ衰えていました。そんな母を、世間にさらしたくないという気持ちもあったのかもしれません。私と妹の一家だけで仏式の家族葬を行いました。お経を上げてもらったあと、全員が手紙を読み、孫たちもお別れのことばを述べました。とってもあったかい式になって、母も喜んでくれたと思います。

ゆっくりお別れするリビング葬の執り行い方

●式場によって設備や演出は千差万別

「リビング葬」は、葬儀社が所有する家族葬専用式場で行う葬儀で、自宅のリビングルームにいるようにゆっくりとお別れできるのが特長です。

設備や広さは式場によって異なり、なかにはリビングルームのほかに、キッチンやダイニング、バスルーム、和室などの宿泊施設が整った、大型マンションの邸宅風の式場もあります。

しかしリビング葬でも、すべての式場が宿泊施設を有しているわけではないので、最後のひと晩を故人と過ごしたいという場合は、あらかじめ確認しておきましょう。

また費用も、式場の設備や演出によって異なります。

●心ゆくまでお別れできるリビング葬

葬式の形式は自由で、基本的に通夜、葬儀、告別式の式次第が一般葬と同じである点は、通常の家族葬と変わりません。

利用中はずっと故人のそばにいることができ、弔問客を随時迎えることもできます。

その間に、故人と縁の深い人がお別れのお茶会をしたり、親族で思い出話をするのもよいでしょう。

宗教者がいない場では喪服を着用する必要はないので、落ち着いた楽な服装で、心ゆくまでお別れすることができます。

リビング葬の一例

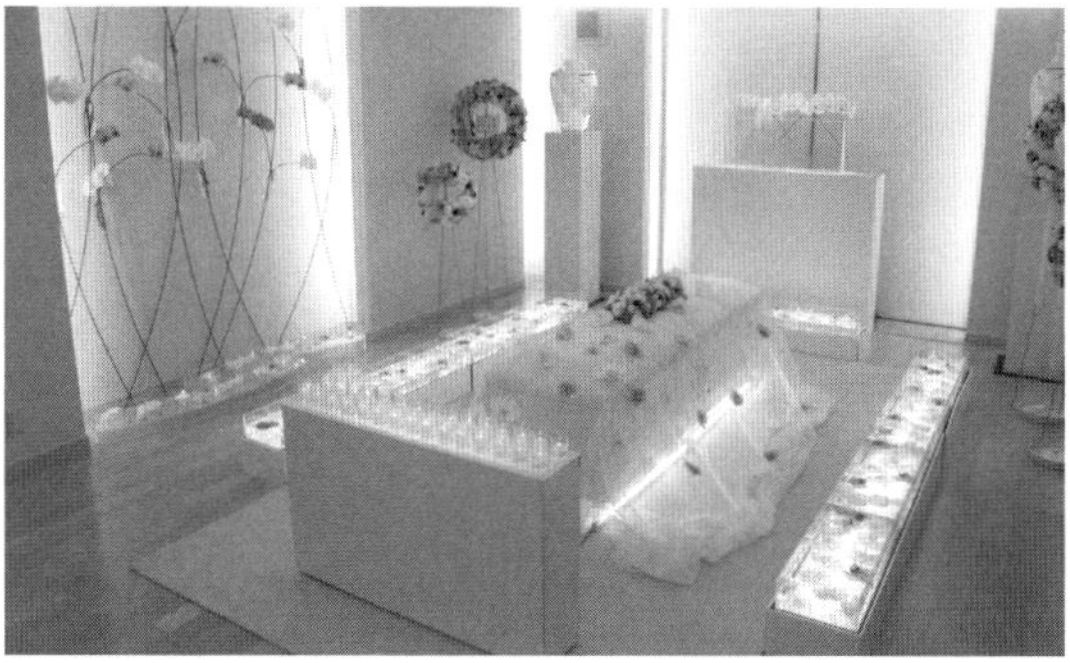

リビングに置かれた棺の周りを生花で飾る。

（写真提供:メモリアルアートの大野屋）

●リビング葬の見積もりの一例

（単位：円）

式場使用料 空間演出 ドライアイス	生花で式場を飾る ※2日め以降実費（8千円/日）	1,258,000
演出備品	遺影写真、白木位牌、供物、枕飾り、後飾り、会葬礼状など	96,000
返礼品	20個	20,000
料理ほか	20名（通夜、告別式）※飲物は実費	254,000
車両	寝台車（逝去先～自宅、自宅～式場）、霊柩車（式場～火葬場）、マイクロバス（火葬場往復）	134,000
サービス料10%		176,200
供花ほか	2基（喪主1対）	30,000
税抜合計 税込合計		1,968,200 2,125,656
立替金	火葬料、収骨器、休憩料	92,290
見積合計額		2,217,946

※会員になれば料金の割引もあり

（資料提供：メモリアルアートの大野屋）

リビング葬の事例1

心置きなくお別れしたい

喪主は自営業Cさん（男性56歳）

父親を一般葬で見送ったとき、あまりの慌ただしさにゆっくりお別れができなかったことを後悔していたCさんの事例です。

●リビング葬の一例

「フューネラルリビング小平」のリビングに置かれた棺

（写真提供：メモリアルアートの大野屋）

「フューネラルリビング小平」の施設図面

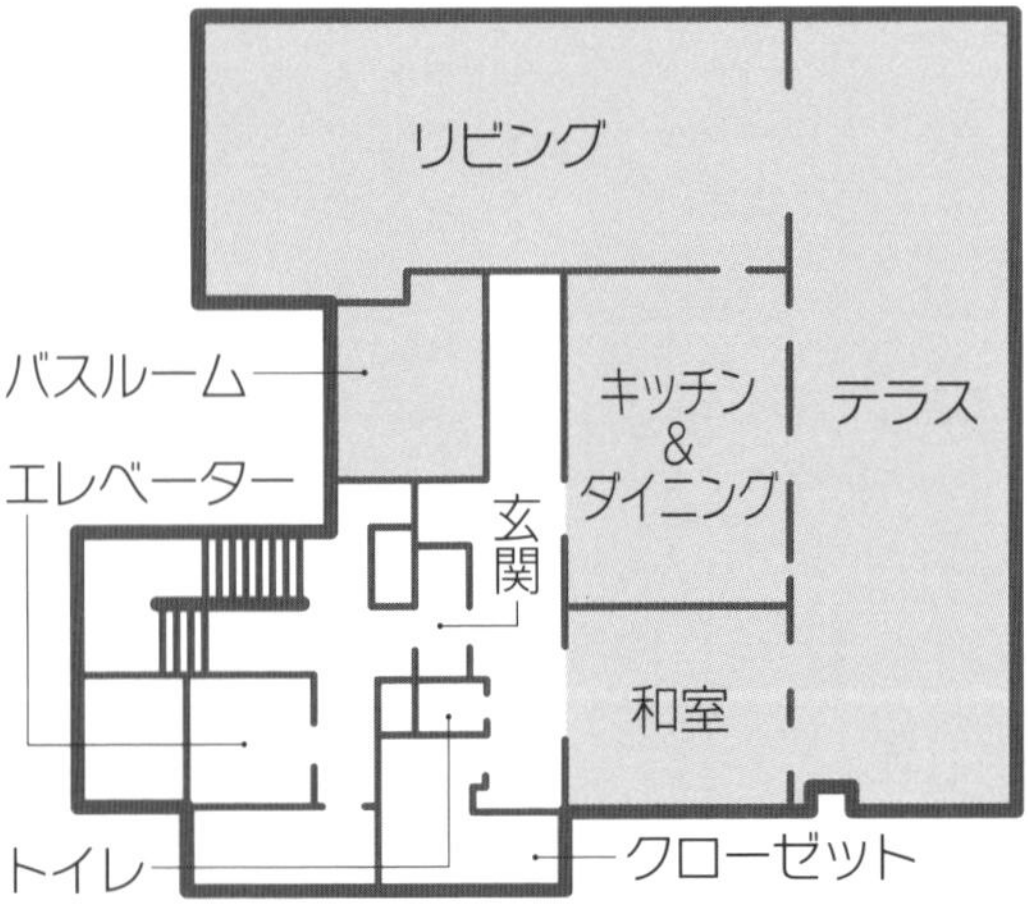

（資料提供：メモリアルアートの大野屋）

Cさんの満足の声

5年前に父を亡くしたとき、寝たきりの母に代わって、喪主を務めました。そのときは何をどうしていいかわからず、ただ段取りに追われているうちに、葬式が終わってしまったという感じでした。だから母のときはゆっくり見送りたいと、あらかじめ葬儀社に相談し、リビング葬にしました。遠方に住む母の兄弟も泊まり込んで一晩中語り合い、母も寂しくなかったと思います。

リビング葬の事例2

弔問客も受け入れたい

喪主は会社員Dさん（男性62歳）

定年後20年以上経ち、囲碁を趣味に余生を過ごしてきた父親を送り出したBさん。高齢の囲碁仲間にもお別れに来てもらえるように配慮しました。

Dさんの満足の声　亡くなった父は86歳。囲碁を唯一の道楽にして、友人も大勢いました。ですから一般葬も考えたのですが、高齢の方たちが多く、式に参列していただくのは体力的に負担なのではないかと思いました。そこでリビング葬にして、自由に弔問に来ていただけるようにしました。最後まで囲碁仲間に囲まれて、親父にふさわしい見送りができました。

●リビング葬のスケジュールの一例（3日間の利用の場合）

1日目　逝去の知らせ、自宅に遺体を安置、打ち合わせ

↓

2日目　リビングに入室

入室

遺族やごく親しい人だけで故人と過ごす

↓

3日目　通夜

・通夜を行う
・この時間内であれば、弔問客を受け入れられる

↓

4日目　告別式

・葬儀、告別式
・定刻に出棺し、戻って精進落としをする

（資料提供：メモリアルアートの大野屋）

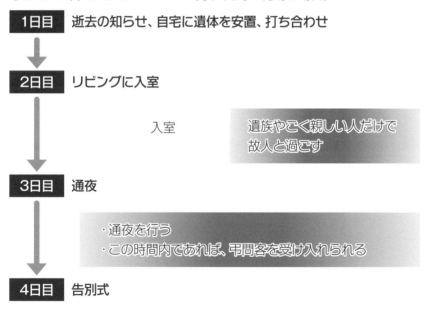

小さな葬儀

一日葬の執り行い方

●通夜を省略する一日葬

一般葬が、通夜、葬儀・告別式と2日間かけて行うのに対し、通夜を省略して1日で葬儀・告別式と火葬を行うのが**「一日葬」**です。

喪主や遺族が高齢で体力的な負担をかけられない場合や、遠方から参列する人のスケジュールの確保が難しい場合などに利用されます。また、遺族としては直葬《ちょくそう》（葬儀をせずに火葬すること、74ページ参照）にしたいのだが、親族が体面を気にするという場合などに、折衷案として用いられることもあります。

一日葬は、参列者に制限はありませんが、親族や故人と縁の深い人など、こぢんまりと行うのが一般的です。

●一日葬を行うときのポイント

仏式の場合は、まず菩提寺に相談することが大事です。本来の儀式を簡略化するわけですから、寺院の了解が必要です。

生前から一日葬を考えているなら、あらかじめ寺院に話をするとともに、だれに参列してもらうかを決めておきましょう。

また死後24時間は火葬できないため、遺体を安置する場所の確保が必要です。自宅に安置できないときは、一般的に式場に安置しますが、遺族が遺体に付き添わない場合は、式場や専門業者の霊安室に預けます。

一日葬の良い点と注意点

良い点	注意点
・一般葬に比べ、喪主や遺族の肉体的、精神的負担が少ない ・遠方からの参列者が、宿泊しなくてもすむ ・直葬よりも親族などの理解が得やすい ・通夜ぶるまいが不要で、会葬御礼が1日分ですむ	・式場の使用料が前日の準備と合わせて2日分かかるため、思ったほど費用が安くならない ・昼間に行う儀式なので、仕事などでスケジュールが合わず、参列できない人がでる ・後日、参列できなかった弔問客の対応に追われることがある ・慣習にこだわる親族などから批判される可能性がある

一般的なスケジュールの違い

	1日目	2日目	3日目
一般葬	逝去 →	通夜 →	葬儀・告別式 → 火葬
一日葬	逝去 →	安置 →	葬儀・告別式 → 火葬
直葬（火葬式）	逝去 →	安置 →	火葬

（亡くなった時間や火葬場の空き状況にもよります）

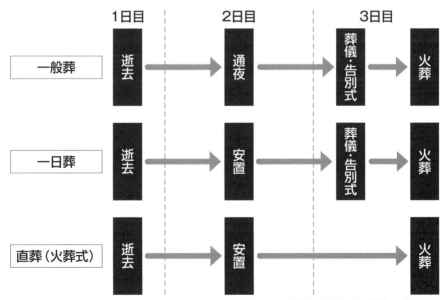

一日葬の事例1

喪主や親族が高齢で体力的に厳しい

喪主は隠居生活中のEさん（87歳）

85歳の妻を亡くしたEさん。自身も高齢で昔ほどの体力はなく、妻と交流のあった親族もみな高齢で持病を抱えるなどしているため、一日葬を選択しました。

●一日葬のタイムスケジュールの例

11：00　葬儀・告別式

式次第は一般葬の葬儀・告別式と同じで、きちんとした宗教儀式として営まれる

↓

11：45　出棺

出棺の時間は、式場からの移動時間による

↓

12：00　火葬

最後のお別れをしたのち、火葬炉に棺が入れられる（90ページ参照）

↓

13：00　収骨

参列者全員でお骨を拾い、骨壺に移す

↓

13：30　精進落とし

火葬後に精進落としを行い、収骨する場合もある

↓

15：00　解散

Eさんの満足の声

長年連れ添った妻ですから、それなりの葬儀できちんと見送ってやりたいと思いました。でもね、妻とのお別れをしたい兄弟やいとこ、友人・知人、みんな歳なんですよ。葬儀に来るのだってやっとのことでしょう。だから見栄を張らずに、一日葬にしました。参列者の思いが一日の葬儀に集約されたっていうのかな。無理しなかった分、いい葬儀になりましたよ。

一日葬の事例2

直葬にすることを周囲が納得しなかった

喪主は会社員Ｆさん（51歳）

亡くなった母親の親族は田舎で農家や自営業を営んでいます。遠方から来てもらうのも気が引けて、直葬にしようとしたのですが反対されました。

Ｆさんの満足の声　母の兄弟は遠方にいるうえに高齢なので、何日も来てもらうのはどうかと思いました。私自身は会社の関係者に声をかけるつもりはなかったし、家族と母の友人とで直葬にしようと思ったんです。でも親族に叱られましてね。結局、一日葬に落ち着いたんですが、叔父たちが愛おしそうに母を送る姿を見て、来てもらってよかったと思いました。

●一日葬と一般葬の費用の違い

一般葬にかかる主な費用	一日葬で不要となる費用
●寺院にかかる費用	通夜分の飲食費（通夜ぶるまい）と通夜返礼品が不要になるだけで、費用はあまり変わらない
●葬儀一式の費用	
・遺体の搬入（寝台車）	
・霊柩車	
・火葬場へのマイクロバス	
・遺体安置料	
・祭壇、棺など	
・式場使用料	
・火葬料	
●飲食の費用	
・通夜ぶるまい →	×
・精進落とし	
●会葬のお礼	
・通夜の返礼品 →	×
・葬儀・告別式の返礼品	

直葬の執り行い方

●通夜も葬儀も行わない直葬

近年、徐々に増えているのが「**直葬（ちょくそう・じきそう）**」です。

直葬は、「火葬式」「荼毘葬《だびそう》」とも呼ばれ、通夜、葬儀・告別式など一切行わず、火葬場で故人を見送るだけの葬儀です。

一般的に遺族やごく親しい人たちだけで行いますが、それでも最後の別れをしたいという人がいる場合、とくに断る理由がなければ参列してもらいましょう。

また、菩提寺はないが読経だけして欲しいというときは、事前に葬儀社に依頼しましょう。

●葬儀をしなくても葬儀社は頼む

通夜や葬儀をしなくても、遺体をお骨にするまでにはさまざまな段取りや手続きが必要です。また火葬場によっては、各自治体の役場や葬儀社を通さないと受け付けないところもあるので、はじめから葬儀社の手配を考えたほうがよいでしょう。

●悔いが残らない選択をする

直葬は、故人が高齢で周囲とのつき合いがほとんどなかった場合や、「葬儀はいらない」とする故人の遺志を遺族が受け入れている場合、経済的理由で葬式を行うのが難しい場合などに利用されることが多いようです。

とはいえ直葬はまだ少数派です。周囲の理解を得るだけでなく、悔いが残らないお別れができるようよく考えて決めましょう。

直葬の流れ

1日目

逝去

↓

①死亡診断書をもらう

②葬儀社を選ぶ

③遺体を搬送し、安置する

・自宅に安置できない場合は、安置場所を探す

・火葬場が併設されている斎場や、専門業者の安置施設などがあるが、遺族が付き添えないことが多い

④葬儀社との打ち合わせ

・葬儀の段取り、費用などについて打ち合わせる

・葬儀社が決定したら、火葬許可証の交付の代行なども依頼する

⑤最後の夜を故人と過ごす

2日目

⑥納棺

・親族らが揃ったところで、棺に遺体を納める

・棺に入れたい物があれば、いっしょに入れる

⑦火葬場へ

・焼香をして、最後のお別れをする

・読経を希望する場合は、打ち合わせ時に依頼しておく

⑧収骨

・お骨を拾い、骨壺に納める

↓

自宅へ

●直葬にかかる主な費用

・寝台車	・遺影	・骨壺料
・棺	・別れ花	・休憩室料
・ドライアイス（遺体保存用）	・枕飾り一式	・人件費
	・火葬料	

葬儀社によってセットに含まれるものが異なるので、別料金がかかるものは事前に確認をすること。一般的に、直葬の費用としては20～30万円がめやす

直葬の事例1

会葬者が少ないことが予想された

喪主は定年後のGさん（67歳）

92歳の父親を亡くしたGさん。父親の兄弟は既に他界し、Gさん自身も定年後は社会とのつながりが薄く、親族とも疎遠なため、直葬を選びました。

●直葬を行う際の注意点

・親族や故人の友人・知人に知らせを出し、必ず理解してもらう

「お別れしたかったのにできなかった」という思いが残らないように配慮する

・葬儀後、弔問客が絶えないこともある

親族や友人・知人が多い場合、個別の弔問客の対応で、いつまでも気持ちの切り替えができなくなる

・菩提寺にあらかじめ相談する

納骨や法要などのことを考慮し、まずは菩提寺に相談する

●直葬のマナー

服装	黒っぽいスーツであれば喪服でなくてもよいが、僧侶に読経を依頼する場合は、必ず喪服を着用する
参列者	どうしても焼香したいという人には、参列してもらったほうがよい。その際、香典をいただいた人には、後日、香典返しをする
精進落とし	基本的には不要だが、家族以外の参列者がいる場合は考慮する

Gさんの満足の声

父は高齢だったこともあってほとんど友人がおらず、私自身も定年後は世間とのつき合いがめっきり減ってしまいました。葬式を考えたとき、だれが参列してくれるのだろうと思いましてね。義理で来てくれた人ばっかりじゃあ、寂しいじゃないですか。だから親戚には一応お知らせだけして、直葬にすることにしたんです。おかげで家族だけで静かに見送ることができました。

直葬の事例2

本人の強い遺志を尊重したい

喪主は会社員Hさん（45歳）

女手ひとつで育ててくれた母を亡くしたHさん。他家に嫁いだHさんにはきょうだいもなく、生前から口にしていた母の遺志を尊重して、直葬にしました。

Hさんの満足の声　直葬にすることについては、はじめ主人の実家が反対しました。やはり世間の目が気になったようです。ですが母は「葬式不要、戒名不要」と口癖のように言っていました。母には身寄りがなく、お寺とも縁がなかったせいかもしれません。嫁ぎ先を説得し、私のへそくりで送り出せたことを、母は喜んでくれていると思います。

●直葬に対するイメージ

全体数　1875（複数回答）

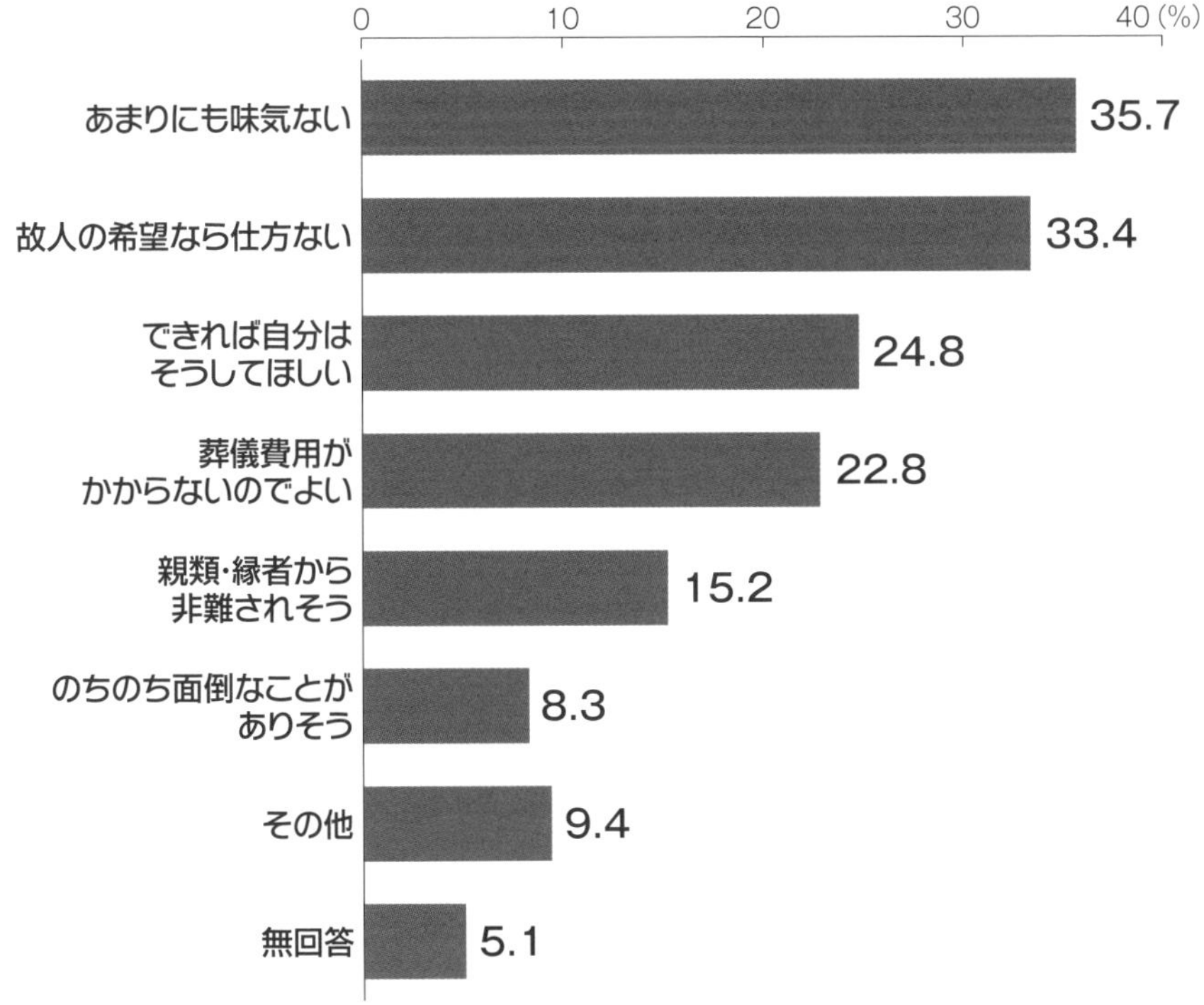

一般財団法人 日本消費者協会「第11回　葬儀についてのアンケート調査」より

無宗教葬の進め方

宗教・宗派にとらわれない「無宗教葬」

「無宗教葬」とは、宗教・宗派の形式をとらず、自由なスタイルで行われる葬儀のことです。

菩提寺をもたない人や、自分らしい葬式にしたいという人が利用することが多いようです。

よい葬儀にするためのポイント

前述したように、自由葬の式次第は自由に決めてよいのですが、具体的なイメージが浸透していないこともあり、納得できる葬式にするためには、幾つかのポイントがあります。

①葬儀社選び

葬式の内容を決めるのは遺族ですが、具体的な式次第をつくり、進行するのは葬儀社です。自由葬の実績があり、遺族の意向を汲み取ってくれる葬儀社を選びましょう。

②事前の準備

故人らしい式にするために、故人にまつわる思い出の品を展示したり、映像や写真で故人を偲んだりすることがあります。葬式までの短い時間のなかで、それらを準備するのは至難の技です。

できれば生前に葬儀社に相談し、葬儀で使って欲しいものなどはピックアップしておくとよいでしょう。

③参列者の選定

参列者を故人と縁の深い人だけに限定する場合は、連絡する人を事前に確認しておきましょう。

無宗教葬の式次第の一例

①遺族、参列者入場	音楽（故人が好きだった曲など）が流れるなか、遺族らが入場し、着席する
②開会の辞	進行役が開会のあいさつをする
③黙祷	一同、故人に黙祷を捧げる
④故人の略歴紹介	故人の実績や人となりを写真や動画などにのせて紹介する
⑤追悼のことば	参列者（少ない場合は全員）に、思い出話や追悼の音楽などを故人に捧げてもらう
⑥献花	喪主、遺族、親族、友人・知人の順に献花する
⑦喪主のあいさつ	無宗教式の葬儀にした理由と参列者への感謝を述べる
⑧閉会の辞	進行役による閉会のあいさつ

無宗教葬の良い点と注意点

良い点

・形式にとらわれず、故人にふさわしい見送り方ができる

・宗教者への費用がかからない

注意点

・菩提寺がある場合は、仏式以外の葬儀は難しい

・具体的な演出プランを事前に準備しておかなければならないことが多い

・親族らの理解が得られないことがある

自由葬の事例1

明るく送って欲しいという本人の希望

喪主は主婦Ｉさん（65歳）

生前から形式ばったことが嫌いだった夫を見送ったＩさん。元気なときから仲間や親族にふれまわっていたこともあり、音楽葬が実現しました。

Ｉさんの満足の声　「最後は明るく楽しく送って欲しい」というのが、夫の希望でした。わが家には仏壇も菩提寺もなく、とくに宗教葬にする理由もなかったので、夫のジャズ仲間に声をかけ音楽葬にしました。ジャズの生演奏が響くなか、ギターの演奏をする生前の夫の映像が流れ、夫との思い出に浸ることができました。笑顔で手を振る遺影も喜んでくれているようでした。

●自由葬の演出の例

音楽を取り入れる

BGMに故人が好きだった曲を流したり、参列者が合唱・演奏するなど音楽を随所に取り入れる

映像や写真を用いる

故人の略歴を紹介する映像を流したり、多数の写真をスライドショーなどにして背景に流す

別れ花といっしょに折り鶴を入れる

折り紙に故人へのお別れのことばを書き、鶴を折って棺に入れる

故人の遺品を飾る

展示スペースを設けて、故人の思い出の品を展示する

遺された家族の生活を心配して

喪主は主婦Ｊさん（73歳）

生前に葬儀とお墓のことについて話し合っていたＪさん夫婦。菩提寺がなく、故人の遺志に従い無宗教葬にしました。

●Ｊさんのプランニングの例

Ｊさんからの要望

・ゆったりとした葬儀にしたい
・できれば会食をしながらがよい
・追悼のことばを、参列者全員が述べたい
・故人が撮った写真を式場に飾ってほしい
・最後のひと晩を故人と過ごしたい

＋

葬儀社からの提案

・式次第の進行を緩やかにしつつ、気持ちの区切りをつけるためにも、セレモニーとして心に残るイベントを行ってはどうか

↓

葬式に反映された内容

・最後の夜は自宅で過ごし、翌日、遺体を式場に搬送する
・故人が撮った写真十数枚をパネルにし、式場に展示する
・一般的な無宗教葬の流れの終盤で、歓談の時間を設ける
・故人へのお別れのことばを書いた折り鶴を、別れ花といっしょに棺に入れる

Ｊさんの満足の声

私どもには子どもがなかったこともあり、お骨になったら市営墓地に入ろうと話をしていました。どちらかが亡くなったあとの生活の不安を少しでも軽くしたかったので。でも心置きなくお別れはしたかった。幸い夫の親族とは仲がよく、無宗教葬にも理解を示してくれました。葬儀社さんに、夫が撮った写真をパネルにしてもらったのですが、それで話に花が咲き、よいお見送りができました。

一般葬

密葬と後日行われるお別れ会の進め方

本葬を営むことを前提とする密葬

「密葬《みっそう》」とは、遺族や近親者だけで行われる葬儀のことで、通常、そのあとに本葬が営まれます。

都会で亡くなった人を遺族が密葬で見送り、その後、お骨を持って故郷で本葬を行う場合や、会社の代表者などが亡くなったとき、身内が密葬で送り、会社が本葬を行う場合などがあります。

また近年、一般の人でも遺族、近親者のみで行う密葬の後に、友人、知人を招き、お別れの会、偲ぶ会を行うこともあります。

密葬の形式はさまざま

密葬はとくに決まった形式はありません。宗教式でも無宗教式でもよく、また式らしい式を行わずに火葬にすることもあります。

火葬が終わるまで、亡くなったことを公にしないこともあります。やむなく話さなければならないときは、本葬まで弔問を控えてもらいましょう。

お別れ会は労力がかかる

密葬後のお別れ会は、遺族が主催する場合と、友人らが主催する場合があり、一般的に、死後2週間から一カ月後くらいを目処《めど》に行われることが多いです。

葬儀に参列できなかった人もお別れができるというメリットがあるいっぽうで、それなりの手間と費用がかかり、遺族主催の場合は負担が大きくなることもあるようです。

お別れ会の準備のポイント

規模が大きくなるときは葬儀社に依頼する

お別れ会の内容は、主催する人たちが考えなければならないが、小規模なら遺族ですべての手配をすることも可能。しかし参列者が多い場合や宗教式を取り入れる場合は、葬儀社に依頼すると手配が楽になる。また無宗教式で行う場合は、お別れ会や自由葬の実績のある業者に依頼する

招待する人に配慮する

お別れ会は、会費制にする場合と、そうでない場合がある。会費制の場合、故人とつき合いの浅い人まで招待すると、かえって負担をかけることになるので注意する

目的にあった式の内容を考える

お別れ会は形式も内容も問わないが、密葬後に行われる場合、出席者に故人とのお別れをしてもらうことが第一の目的となる。参列者の思い出に残る心のこもった内容にすることが大事

お別れ会の流れの一例

①開式の辞	進行役が開会のあいさつをする
②幹事代表のあいさつ	遺族が主催する場合は喪主があいさつする
③友人代表の弔辞	故人との関係性や招待した人たち、式の内容で人選する
④献杯	この間に、生前の映像・写真や思い出話などで故人を偲ぶ
⑤会食	
⑥遺族による謝辞	
⑦閉式の辞	

小さな葬儀で知りたいこと

Q **母は小さな葬儀を望んでいましたが、母のきょうだいは大反対!!　どうしたらいい？（長女42歳）**

A 自分が亡くなったあとの遺族のみなさんの生計などを考慮して、なるべく葬儀に費用をかけないように、というのがお母さまのご遺志でしょう。遺族としては、なるべくご遺志に沿った葬儀を執り行うのがよいと思われます。

ただし、お母さまのきょうだいにしてみれば、お母さまの死を悼み、遺族への思いやりから出たことばでしょうから、頭から否定するのではなく、身内を中心にした葬儀だけど、だからこそ心のこもったお見送りをしたいという自分たちの気持ちを伝えて理解してもらいましょう。葬儀のことで親戚との関係をこじらせるのが、お母さまにとっていちばん悲しいことではないでしょうか。

Q **父が亡くなり、母が喪主を務めることになりました。私たちはシンプルな葬儀にしたいのですが、母が派手な葬儀を望んで困っています。（長男49歳）**

A お母さまは、お父さまの社会的な立場や、親族の体面などを考えていらっしゃるのではないでしょうか。かつてお葬式は厳粛な宗教儀式として行われました。今でも古いしきたりに則ったお葬式を行うところも多くあります。

お父さまが現役を退いて何年も経っていなければ、それなりのおつき合いもあったことでしょうから、お母さまのお気持ちをくんだうえで、近年、多様化しているお葬式についてお話ししてみてはいかがですか。

シンプルな葬儀の良い点、注意しなくてはいけない点などを質問者さま自身がよく理解し、お母さまにアドバイスすることをおすすめします。意見が違うからといって、母と子が互いに納得できないまま葬儀が行われるのだけは、避けたいところです。

Q　父が大往生を遂げました。親族も友人も少ないので自宅で家族葬を行いたいのですが、どんなことに注意すればよいでしょうか。（二女73歳）

A　まずは必要なスペースが確保できるか確認しましょう。コンパクトな祭壇と棺、お花、装具などを設え、参列者の座る場所を確保するとなると、人数にもよりますが少なくとも10畳は必要になります。仏式で行う場合は僧侶の控え室、精進落としの部屋も必要です。

集合住宅の場合は、エレベーターで棺が運べるかも考慮しましょう。事前にマンションなどの管理組合に届出が必要な場合もあります。

また自宅で葬儀を行う場合はご近所へのあいさつが必要です。その際、家族だけでの葬儀であることを知らせたほうがよいでしょう。

Q　妻の葬儀を近親者だけで行いたいと思っているのですが、家族葬にした場合、人数などの制限はありますか。（夫68歳）

A　家族葬はとくに決まった形式を指すものではなく、人数や故人との関係についての制限はありません。遺族や親族でなくても故人と縁が深い人であれば参列してもらうこともできます。

一般的には20～30人が多いようですが、遺族がともに見送って欲しいと思う人、またどうしても見送りたいという人に参列してもらうことが第一です。人数よりもだれに参列してもらうかを考慮し、それに合わせた式場を葬儀社に手配してもらうとよいでしょう。

Q 父の葬儀を家族葬で行うことにしたのですが、連絡しなかった友人や知人にはどのように知らせたらいいでしょうか。

（二男56歳）

A 葬儀後1～2週間以内に死亡通知を出し、家族葬を行った報告と知らせが遅くなったお詫びを記しましょう。

後日、自宅への弔問を希望する方がいるかもしれません。その場合は、可能であればお受けし、体調などから難しければ丁重にお断りしましょう。

Q 親族だけで母の家族葬を行うのですが、会葬礼状や返礼品も用意しなければなりませんか？

（長女63歳）

A 会葬礼状や返礼品は、基本的に参列者全員にお渡しするものですが、家族葬では省略することもあるようです。

ただし、参列者のなかに故人の友人・知人がいたり、親族が来られる場合は、礼儀として用意したほうがよいでしょう。

家族葬の場合、参列者の数も限られ、故人と関わりの深い人だけが集まります。そうした人たちへの感謝を込める意味でも、ありきたりな品物ではなく、むしろ故人にちなんだものを用意することで、記憶に残る葬儀にできるのではないでしょうか。

会葬礼状も、既成の文面ではなく、遺族ならではの思いを込めた文章にすれば、より故人への思いが深まることでしょう。

Q 父は生前から無宗教葬を望んでおり、香典なども受け取らないようにと言っていたのですが、参列する親戚が、そうはいかないと譲りません。この場合、どうするべきでしょうか。

（長男46歳）

A

一般葬の場合、親族や故人と縁の深い人ほど香典を多く包む慣習があります。また葬儀にお金がかかるのは、年配の人ほど経験的に理解しています。

そのため、こぢんまりとした家族葬であっても、参列する親族は「持っていかないわけにはいかない」という気持ちになるのでしょう。親戚同士だからこそ、「自分の家の葬儀の際にいただいたのに、差し上げないわけにはいかない」という、お気持ちもあるのかもしれません。

お父さまが遺言に残していたり、生前から親族を説得していたなら親族の理解も得られたかもしれませんが、遺族に口頭で言っていただけでは難しいかもしれません。

それに何より、これから親族とつき合っていくのは亡くなったお父さまではなく遺族です。

よい関係を続けていくためには、親族の厚意をありがたく受け取っておいたほうがよいこともあります。

Q　母の葬儀を仏式の家族葬で行いたいと思っています。白木の祭壇ではなく、母が大好きな花で柩全体を取り囲んであげたいと思うのですが、可能でしょうか。（長女66歳）

A

菩提寺がある場合、どのような形式の葬儀を行うにしても、まず寺院に相談することが大事です。

菩提寺がない場合でも、家族葬に宗教式を取り入れるなら、その葬儀を取り仕切るのは僧侶になるため、なんでも自由にできるとは限りません。場合によっては式場や祭壇、棺についても限定されることがあります。

火葬場に同行する家族の決まりごと

●出棺時の決まりごと

告別式が終わって最後のお別れが済むと、出棺となります。

宗派にもよりますが、位牌を持った喪主が先頭に立ち、次に遺影を持った遺族代表、そして柩と続きます。

一般的に、柩は近親者や友人など男性6人程度で運び出すことになるので、手伝ってくれる人にあらかじめお願いしておきましょう。

●火葬場に持参するものを確認する

火葬場に同行するのは、通常、遺族や親族、故人ととくに縁が深かった人です。親族以外は主に遺族から声をかけることになります。

また、車の手配が必要になるため、事前に人数を把握しておかなければなりません。

あわせて、火葬場に行く前に、持参するものの確認をしておきましょう。とくに火葬許可証を忘れると、火葬できなくなります。たいてい死亡届の手続きを代行した葬儀社がそのまま保管し、骨壺や骨箱とともに準備していると思いますが、念のため確認しておきましょう。運転手や火葬場の係に渡す心づけも葬儀社に渡しておけば、葬儀社が取り計らってくれます。

火葬場に売店などがない場合は、僧侶や同行者をもてなす茶菓子などの用意も必要です。

火葬場に行くときに持参するもの

火葬許可証

火葬の際に提出する書類（手続きは葬儀社が代行してくれる）。葬儀社に預けている場合は、出発前に確認しておく

骨壺、骨箱

事前に打ち合わせたものを、葬儀社が用意してくれる（火葬場で販売しているところもある）

運転手や火葬場の係に渡す心づけ

通常、葬儀社の人から渡してもらう。事前に葬儀社の人に渡しておく（公営の火葬場は心づけ禁止となっている）

控え室で参列者をもてなす茶菓子など

火葬場の売店などで販売していることもあるが、ない場合は持参する

火葬場へ移動する際の席順

①先頭は霊柩車

葬儀社の人だけが同乗する場合と、喪主も同乗する場合がある

②霊柩車に続く車（お供車）の1号車

お供車には、僧侶、遺族代表などが乗る

※僧侶用に専用車を用意することもある

③お供車の2号車

お供車が何台か続くときは、前の車から、故人と血縁の近い順に乗車する

④マイクロバス

火葬場に同行する親族が乗車する

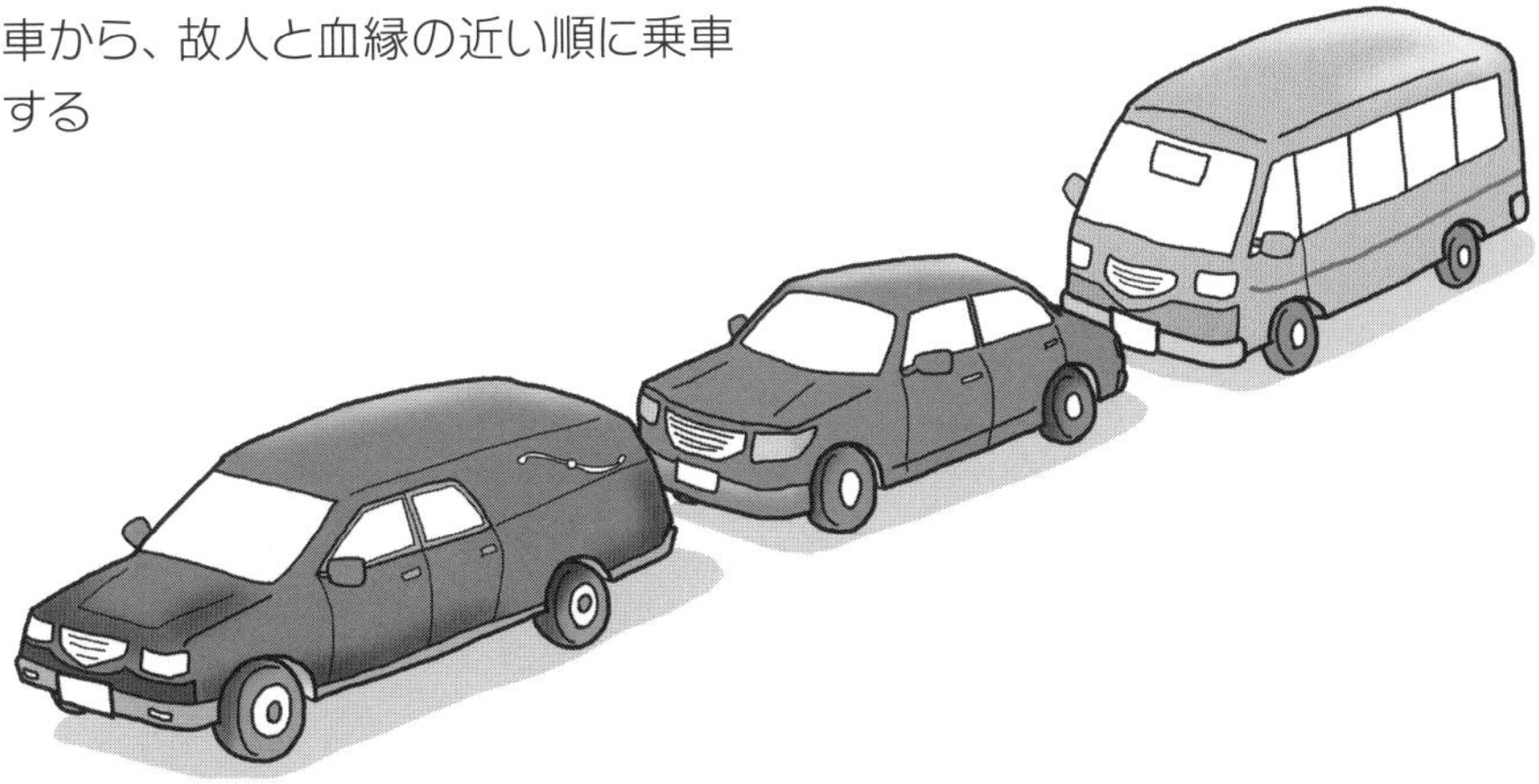

火葬と収骨の行い方

●火葬炉の前で最後のお別れをする

火葬炉の前に柩を安置し、祭壇に位牌と遺影を飾ったら納め式を行います。

僧侶が同行している場合は、お経を上げてもらい、喪主から順に同行者全員が焼香します。

その後、柩は炉の中に入れられ点火されるので、合掌して見送ります。

火葬にはだいたい1時間程度の時間を要します。そのあいだ控え室にて待機し、遺族は同行者をもてなします。

●収骨の作法は地域によって異なる

遺骨を骨壺に納めることを、「収《しゅう》骨《こつ》」「拾骨《しゅうこつ》」「骨揚《こつあ》げ」などといいます。収骨の作法は地域によって多少異なるので、係員の指示に従って行いましょう。

一般的に、東日本では遺骨を全部拾い、西日本では一部のみ拾う習わしがあり、骨壺の大きさも異なります。

遺骨の一部を散骨したり、故郷の菩提寺にも納骨するなどの理由で分骨したいときは、事前に葬儀社を通じて話しておく必要があります。

その場合、分骨用の骨壺を準備し、分骨する数の分骨証明書を火葬場に交付してもらいます。分骨証明書は遺骨を埋葬する際に必要となるので大切に保管しましょう。

火葬場での流れ

①火葬許可証を火葬場の係員に提示する

・係員によって柩が下され、火葬炉の前に安置される
・火葬炉の前の祭壇に、持参した位牌と遺影を飾る

↓

②火葬炉の前でお別れをする

・僧侶が同行した場合、僧侶の読経・焼香に続いて、遺族と同行者が焼香する

↓

③火葬

・柩が炉の中に入れられ点火される。全員で合掌して見送る

↓

④控え室で待機する（1時間くらい）

・僧侶が同行している場合は上座に座ってもらい、喪主または世話役がもてなす

↓

⑤収骨を行う

・炉の前または別室で、係員の指示に従い、収骨する
・収骨が終わると、骨壺に納められた遺骨と埋葬許可証が渡される

一般的な収骨の作法

①喪主から故人との関係が深い順に2人1組となり、遺骨の頭の方から並ぶ

②遺骨に向かって合掌し、台の左右の2人が1片の骨を箸で挟む

③落とさないように骨を骨壺に入れたら、箸を隣の人に渡して合掌する

④同行者全員が行ったら、最後に、故人と最も血縁の深い人が喉仏《のどぼとけ》の骨を拾って、骨壺に納める

※地域により慣習が異なります

香典返し

●香典返しの金額のめやす

香典返しは、葬儀の参列者に、忌明けのあいさつ状を添えてお礼の品物を送る慣習のことです。

仏教では三十五日忌か四十九日忌の法要後、神道は五十日祭終了後、キリスト教は死後一カ月後の召天記念日後がめやすです。

香典返しの品物の金額は、香典の3分の1から2分の1（半返し）が一般的ですが、必ずしも返さなければならないものではありません。元来、香典には葬儀費用を互いに助け合うという意味があり、世帯主が亡くなった場合や、故人の遺志によって寄付をする場合などは、香典返しをしなくても失礼にはなりません。ただし、あいさつ状にはその理由を必ず書き添えましょう。

●最近増えている即日返し

香典返しは、忌明けに渡すものですが、近年、通夜や葬儀の当日に香典返しを渡すケースが増えています。これを**「即日返《そくじつがえ》し（当日返し）」**といいます。

即日返しの場合は、香典の金額にかかわらず、3千円程度の香典返しを渡します。参列者全員が同じ金額の品物になってしまうため、高額な香典を包んだ人には、四十九日忌の法要後に、半返しをめやすに品物を送りましょう。

また葬儀に参列せずに香典だけをもらった場合や、香典を辞退したのに送ってくれた人にも、お返しをしましょう。

即日返しの特徴

良い点

・葬儀当日に香典返しができるため、忌明け後の手間が省ける
・記帳漏れや住所の誤記入などによって、香典返しが届かないという事態を避けることができる
・記帳の整理や個別の品物選びなどの労力が省ける

注意点

・馴染みがない地域では、無作法と受け取られかねない
・高額な香典をいただいた場合は、3千円程度のお返しでは済まないので二度手間になる

香典返しのあいさつ状の一例

謹啓 時下ますますご清祥のことと拝察申し上げます
先般 父正夫の永眠の際はご多忙中にもかかわらずご会葬いただき また過分なご厚志を賜りましたこと 誠にありがとうございました
お陰様をもちまして三月十日 四十九日忌の法要を営みました
つきましては供養のしるしまでに心ばかりの品をお送りいたします 何卒お納めくださいますようお願い申しあげます
本来ならば参上してお礼を申し上げるべきところ 失礼ながら略儀にて 書中をもって謹んでご挨拶申し上げます
謹白
令和〇〇年三月二十日
山田 太郎

挨拶状に記す内容

①葬儀参列へのお礼
②香典、供物、供花のお礼
③忌明け、納骨の報告
④香典返しを送らせていただいたこと など

小さな葬儀だからこそ必要なお礼のマナー

●一般葬以上に礼儀を尽くす

参列者を限定した「小さな葬儀」にすると、たいていの場合、弔問したかったのにできなかったという人が大勢でてきます。

また略式の宗教式や、新しいタイプの葬儀にすることで、親族や参列者の中には、納得できない方もいます。

だからこそ今後のつき合いを円満に行うためにも、一般葬のとき以上に、葬儀を支えてくれた人たちにきちんとお礼をすることが大切です。

●葬儀後のあいさつ回りとお礼状

宗教者へのあいさつは、葬儀の翌日か翌々日には済ませましょう。

そのほか世話役やお手伝いいただいた方にも、無事葬儀が終わったことのお礼をするとともに、ご近所にもあいさつにうかがいましょう。

あいさつ回りが葬儀直後の場合は喪服で、2～3日経っている場合は、地味な色の平服でよいでしょう。

また弔辞をお願いした人にはお礼状を、供物や供花や弔電をいただいた人には品物にお礼状を添えて、葬儀後早めに送ります。

亡くなったことを知らせていない人には、葬儀後1～2週間のうちに死亡通知を出しましょう。その知らせを聞いて、自宅への弔問を希望される方もいるでしょうが、体調が許す限り、お受けしたいものです。

葬儀後のあいさつ回り

宗教者へのあいさつ

- 翌日もしくは翌々日までに出向く
- 都合がつかないときは、葬儀の日の精進落としのあとでもよい
- 奉書紙（儀礼用に使われる上質な紙）か白い封筒に謝礼を包み、表書きを書く

寺院➡「御布施」
神社➡「御祭祀料」または「御礼」
教会➡「御ミサ料」（カトリック）
「献金」（プロテスタント）
「御礼」（どちらでもよい）

- 寺院への謝礼は、すべての読経料と戒名料をひとまとめにすることもある
- 菓子折などを用意し、謝礼といっしょに渡すとよい

世話役へのあいさつ

- 葬儀終了後、お礼を用意し、できるだけ早くあいさつに出向く
- そのほかお手伝いいただいた方には、精進落としのあと、謝礼を渡す

ご近所

- 菓子折などを持参し、葬儀が無事終了した報告とお礼を述べる

故人の勤務先

- 事前に連絡をし、菓子折などを持参して、直属の上司や同僚、部下などにあいさつする
- その際、故人の私物を整理し、必要な事務手続きを行う

葬儀後に送る死亡通知の一例

母　花子儀　去る四月十日に永眠いたしました
ここに謹んでご通知申し上げます
葬儀におきましては　故人の生前の遺志により　家族のみにて執り行いました
ご連絡が遅れましたこと　お詫び申し上げます
生前のご厚情を深く感謝し　誠に勝手ではありますが　書中にてお知らせ申し上げます
尚　お供えや御香典につきましてはご辞退させていただきたくお願い申し上げます
敬白
令和○○年四月十五日
山田　太郎

死亡通知に記す内容

①死亡の知らせ
②葬儀を済ませたことの報告
③生前のつき合いのお礼
④香典、供物、供花の辞退　など

葬儀に関わるお金について

Q 父が亡くなり、長男が喪主を務めることになりました。この場合、葬儀費用はすべて喪主である兄が負担してくれるのでしょうか。（二男56歳）

A 一般的には、喪主が葬儀費用を負担します。

とはいえ、香典や弔意金などを葬儀費用に充て、足りない分を故人の相続財産でまかなうこともできます。

ただし故人に財産がまったくない場合もありますので、どのような葬儀にするかを、あらかじめ身内で相談しておいたほうが、あとで金銭的なトラブルを防ぐことができます。

Q 仏式の家族葬にしたのですが、お車代や御膳料はいくらくらいにすればよいでしょうか。また、いつ渡せばよいですか。（妻67歳）

A お車代（僧侶の送迎をしなかった場合に渡す）と御膳料（通夜ぶるまいを辞退した場合に渡す）は、どちらも5千～1万円がめやすです。通夜、葬儀のたびに渡すか、お布施といっしょに渡します。

お車代も御膳料も、地域の慣習によって異なります。まずは地元の葬儀社に尋ねてみましょう。

Q 直葬を行うことにしたのですが、菩提寺がないため、火葬場でお経をあげてくれる僧侶の手配を葬儀社に頼みました。僧侶へのお礼の金額はいくらくらいでしょうか。（妻75歳）

A 地域や依頼した寺院などによって異なりますが、おおむね3～7万円が相場のようです。四十九日忌や一周忌などの法要の際のお布施と同程度と考えられていますが、あまり費用がかけられないというときは、あらかじめ葬儀社に伝えておいたほうがよいでしょう。

Q **火葬するときに、火葬料のほかに心づけが必要だと聞きました。だれにどれくらい用意したらよいですか。（長女55歳）**

A 火葬場の係員（公営施設を除く）、霊柩車やハイヤー、マイクロバスなどの運転手、控え室の係員などに、それぞれ3～5千円渡すのが慣習となっています。白い封筒に入れ、葬儀社に預けておけば渡してもらえます。

Q **父の葬儀で弔問客の人数が多くなりそうなのですが、通夜ぶるまいの費用はどれくらい見込んでおいたらいいでしょうか。（長男63歳）**

A 通夜ぶるまいは、少し箸をつける程度で帰る弔問客も少なくありません。地域性があるため一様ではありませんが、1人あたり3千円以上の料理を、弔問客の人数の7割くらいの分量で頼むのが一般的です。

また精進落としの金額は、1人5千円以上がめやすとなっています。

Q **通夜、告別式には即日返しで香典返しを渡すつもりでいます。その場合、会葬返礼品も用意しなければなりませんか？（夫76歳）**

A 会葬返礼品は、本来、香典の有無にかかわらず、参列者全員に渡すものですが、昨今、即日返しが増えたことや、たいていの参列者が香典を持ってくるこ

となどから、即日返しの場合は会葬返礼品を兼ねることもあります。

ただし、こうした礼儀は地域の慣習を重んじることが大切なので、葬儀社や親戚に相談してみましょう。

Q 自宅で葬儀を営んだのですが、世話役の方以外にも、いろいろお手伝いしていただきました。どなたにどのくらい包めばよいでしょうか。（妻72歳）

A 自宅で一般葬を行った場合、受付、会計、接待、式の進行（葬儀社が行うこともある）、交通整理や案内などの方たちをお願いすることがあると思います。これらの方たちには、地域にもよりますが3～5千円をめやすに、精進落としのあとで渡しましょう。また世話役には1～2万円を、後日あいさつ回りの際に渡します。

どちらも白い封筒に入れ、表書きは「御礼」か「志」とします。

Q 父の葬儀で弔辞を読んでもらった方がいます。遠方にお住まいなのですが、葬儀後にお礼を持ってごあいさつにいかなければなりませんか？（長女58歳）

A ごあいさつにうかがえればより丁寧ですが、遠方の場合、お手紙を添えて、お送りすると良いでしょう。

一般的には、金銭やお菓子などの品物を渡してお礼をしますが、相手の方の立場やお父さまとの関係性などにより対応も異なります。

Q 遠方の親戚に、父の葬儀に来ていただくことになっています。自宅は泊まる部屋がありません。ホテルなどの予約はどうすればよいのですか？（長女52歳）

A 自宅に泊まっていただかない場合は、喪主が宿泊先の手配し、費用を負担するのが一般的です。

第3章

お墓の知識と新しいお墓の選び方

納骨の時期と準備

お墓がある場合は四十九日の際に納骨を

納骨の時期にとくに決まりはありませんが、四十九日《しじゅうくにち》忌法要に合わせて行うのが一般的です。新しくお墓を建てるなど、四十九日忌に間に合わない場合は、百ヶ日忌、新盆、一周忌法要などの節目をめやすにするとよいでしょう。

神式では、亡くなってから50日目にあたる「**五十日祭**《ごじゅうにちさい》」、キリスト教では、1カ月後の「**追悼**《ついとう》**ミサ**」（カトリックの場合）、「**召天記念日**《しょうてんきねんび》」（プロテスタントの場合）の際に納骨することが多いようです。

納骨まで、遺骨は自宅で安置します。自宅に安置できない場合、納骨するお寺や霊園に一時収蔵施設があれば、納骨まで預けておくことも可能です。

納骨式当日は埋葬許可証などを忘れずに

遺骨をお墓に収めるためには、「**埋葬許可証**《まいそうきょかしょう》」が必要です。葬儀の際、火葬場に「**火葬許可証**《かそうきょかしょう》」を提出すると、押印した許可証が返却されます。この書類が埋葬許可証となります。納骨式当日は、埋葬許可証と「**墓地使用許可証**」を、墓地の管理者に提出します。この際の手続きに必要なことがあるので、印鑑も持参しましょう。

その他、納骨式に必要なのは、遺骨《いこつ》と遺影《いえい》、位牌《いはい》のほか、お墓に供える花や供物、線香などです。僧侶へのお布施、納骨作業料を準備します。

納骨式当日の持ちもの

お礼など

僧侶へ

・**お布施**

➡金額は地域や寺院によって異なる。四十九日忌法要と同じ日に納骨式を行う場合も、2種類の法要を行ったと考えて金額を決める

四十九日忌法要だけを行う場合の1.5倍程度がめやす

・**お車代**（※）

➡墓地まで移動するために交通費がかかる場合。5000円～1万円がめやす

・**御膳料**（※）

➡法要後の会食に僧侶が参加しない場合に、食事代として包む。5000円～1万円がめやす

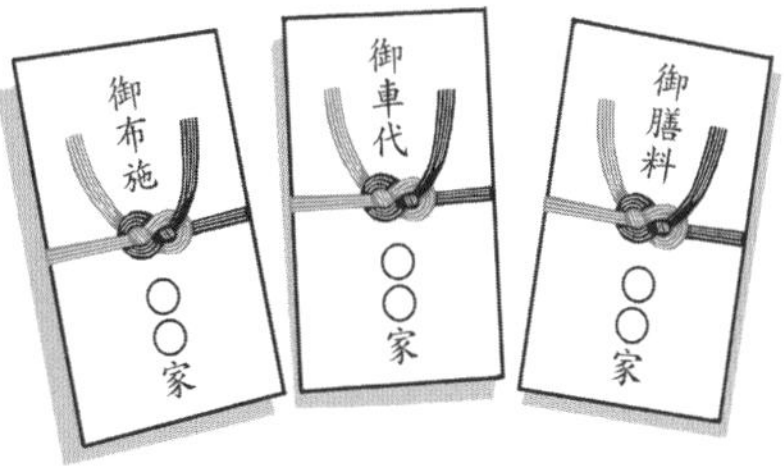

書類等

・**埋葬許可証**

➡葬儀の際、火葬場で押印された「火葬許可証」

・**墓地の使用許可証**

➡埋葬許可証を提出する際、墓地の管理事務所で提示を求められる

・**印鑑**

➡墓地の管理事務所での手続きの際に必要なことがある

納骨式に必要なもの

※僧侶の手配を霊園に依頼した場合は、規定のお布施だけでよいこともある

納骨式の行い方

お墓に遺骨を納め墓前で読経を行う

墓前で行う納骨式《のうこつしき》には、遺族と親族、ごく親しい知人が参列します。法要とあわせて行う場合は、先に四十九日《しじゅうくにち》忌などの法要を行います。その後、施主《せしゅ》が法要が終わったことへのお礼を述べ、同時に、納骨式の参列者には墓前へ移動してほしいことを伝えます。

納骨式の際は、墓前に祭壇が設けられているので、遺影と位牌を並べ、花や供物も供えます。浄土真宗以外の宗派では、施主や参列者が卒塔婆《そとうば》をたてます。カロート（墓石の下にある納骨棺）に遺骨を納めた後、僧侶の読経が行われ、参列者が順番に焼香《しょうこう》します（式の流れは、地域や宗派によって異なる）。納骨式の後には、会食を行います。

納骨式の日時は墓地管理者、石材店にも知らせる

納骨式の日程は、僧侶などと相談して決めます。遺骨は墓石の下にあるカロート（納骨棺）に納めるため、納骨する際はカロートのふたなどを動かさなければなりません。また、墓前に祭壇を設けるなどの準備も必要なため、納骨式の日時は、早めに墓地の管理者と石材店にも連絡しておきます。

墓石に故人の名前や戒名《かいみょう》を彫る場合も、石材店には余裕をもって依頼します。納骨式の際に卒塔婆供養を行うなら、事前にお寺に申し出て、卒塔婆を用意してもらいましょう。卒塔婆の料金は「**御卒塔婆料**」として、お布施などとは別に包みます。

四十九日忌の法要などとあわせて行う場合は、法要を先に行う

お墓の周りを整える
納骨式の前に墓の清掃を行い、墓前の祭壇に花や供物などを供えて準備を整える
※墓前に供える供物は宗教・地域により異なるため、事前に確認しましょう

↓

施主のあいさつ
・四十九日忌の法要などが終わったことのお礼
・納骨式の参列者に、墓前への移動を促す

↓

墓前へ移動
遺骨は、故人の配偶者またはもっとも血縁の深い人が運ぶ

↓

読経
僧侶による読経が行われる

↓

納骨
カロートに遺骨を納める

↓

焼香
参列者が順番に焼香する

↓

施主のあいさつ
参列者へのお礼を述べ、会食の会場への移動を促す

↓

会食
準備しておいた会場へ移動し、参列者と会食をする

キリスト教式の場合
聖職者による聖書の朗読、賛美歌斉唱、献花などが行われる

神式の場合
神職によるお祓《はら》いや祝詞《のりと》の奏上《そうじょう》、玉串奉奠《たまぐしほうてん》などが行われる

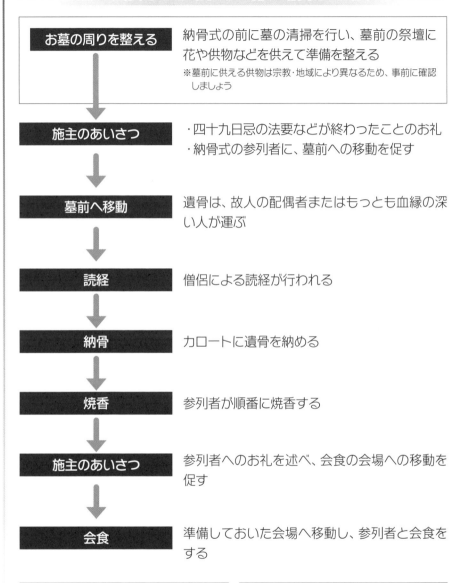

墓地の承継とは

長男以外がお墓を継ぐこともできる

法律上、先祖を祀るためのお墓や仏壇・仏具、家系図などは「**祭祀《さいし》財産《ざいさん》**」に分類されます。親が亡くなった際などに祭祀財産を受け継ぐことを、「**承継《しょうけい》**」と言います。

土地や預金などとは異なり、祭祀財産を承継しても相続税はかかりません。また、長男が承継者となることが多いのは慣習によるもので、実際は長男以外の親族はもちろん、親族以外の人が承継することも可能です。ただし、後のトラブルを防ぐため、事前に承継者本人や家族の了承を得ておいたほうがよいでしょう。ただし、墓地によっては承継者が親族であることを条件としている場合もあるので、親族以外を承継者にしたい場合は事前の確認が必要です。

お墓を継いだら墓地の名義変更の手続きを

お墓を承継したら、まずは墓地の管理者に連絡します。そして、墓地の決まりに従って、墓地使用者の名義変更などを行います。名義変更の届け出に期限が定められていることもあるので、手続きは早めに済ませるようにしましょう。役所などへの手続きは、とくに必要ありません。

お墓の承継者には、その後の墓地の年間管理費の支払いやお墓の手入れなどの義務が生じます。また、寺院墓地（118ページ参照）を承継した場合は檀家としての役割も引き継ぐことになるため、お布施やお寺の行事への参加なども求められることがあります。

墓地を承継した際の手続きに必要なものの例（都立霊園の場合）

必要書類

- 承継使用申請書
- 誓約書
- 申請者の実印と印鑑登録証明書（3カ月以内に発行されたもの）
- 申請者の戸籍謄本（6カ月以内に発行されたもの）
- 墓地の使用者（名義人）と、申請者の戸籍上のつながりが確認できるもの（戸籍謄本など）※1
- 霊園の使用許可証
- その他、名義変更の理由に応じて必要になる各種書類

手数料等 ※2

- 承継手数料（1700円）
- 使用許可証の郵送料分（460円）の切手

※1　都立霊園では、墓地の承継者は原則として親族とされている
※2　2020年4月現在

お墓を建てるために知っておきたいこと

●「お墓を買う」のは「土地を買う」ことではない

自分や配偶者がお墓の承継者ではない場合や、承継したお墓を別の場所に移したいとき（148ページ参照）には、新しくお墓を建てなければなりません。お墓を建てるためには、まず墓地を選んで契約する必要があります。

墓所の場合、宅地などとは異なり、土地の所有権を買いとることはできません。契約者に認められるのは、「墓地を永代に渡り使用する権利（永代使用権）」です。永代使用権は契約者の死後、遺族などが承継することができますが、第三者への譲渡や売買はできません（104ページ参照）。

●承継者がいない場合は永代供養墓を考える

墓地を選ぶ際のポイントの1つが、承継者の有無です。永代使用権を取得するのは、「**累代墓**」などと呼ばれる「家」単位のお墓の場合。自分の死後、お墓の承継者がいることが契約の条件となっていることがほとんどです。

承継者がいない場合に多く選ばれているのが、「**永代供養墓**《えいたいくようばか》」です。契約者の死後は承継者にかわって墓地の管理者や寺院が管理し、定められた期間（三十三回忌など）が過ぎた時点で、他の遺骨と合葬《がっそう》されることが多いです。

永代供養墓には、墓石を建てるもの以外にもさまざまなスタイルがあります。永代供養墓を希望する場合、墓地を探す段階で、埋葬や供養の形態などについて、確認しておく必要があります。

自分の埋葬方法の希望

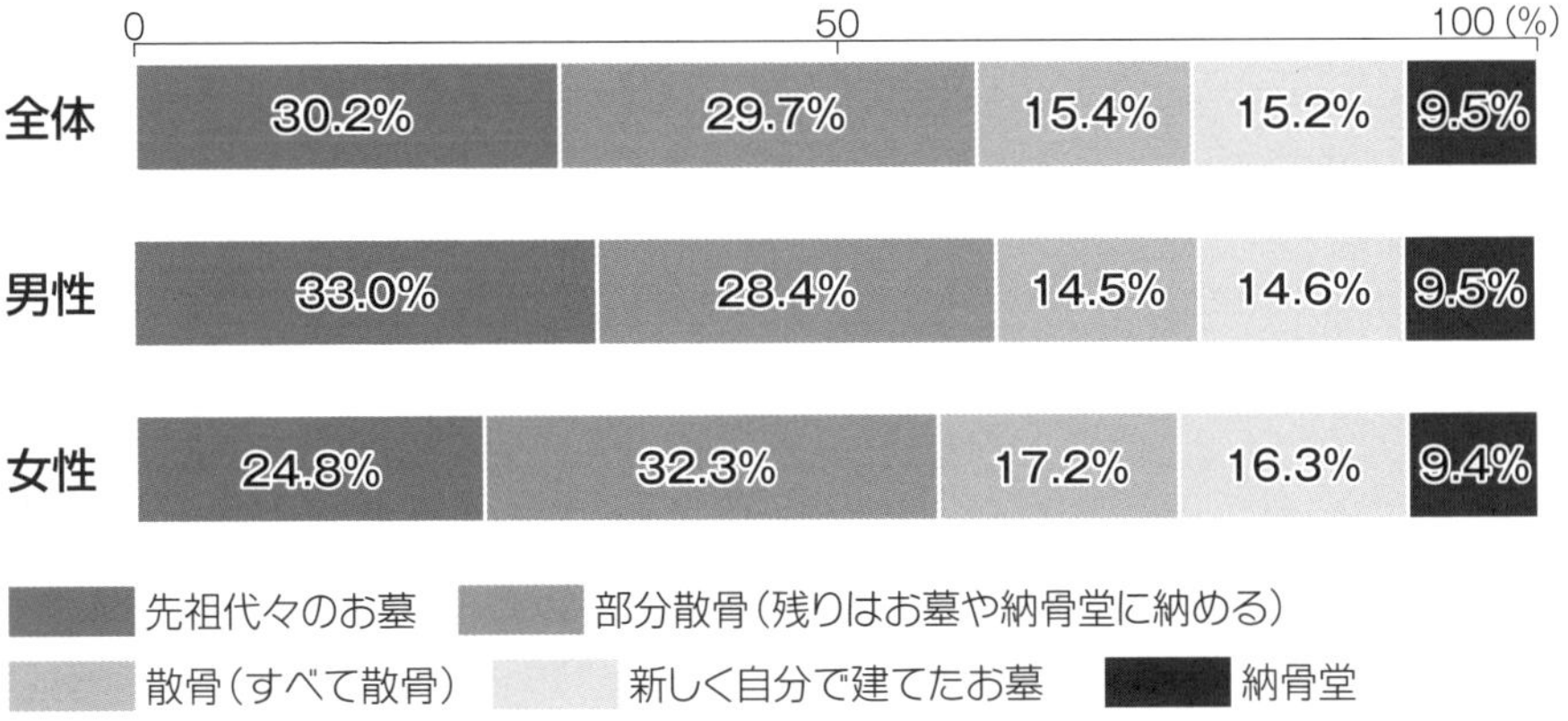

全国石製品協同組合（2017年3月）

お墓を購入する予定のある人が重視する項目（複数回答）

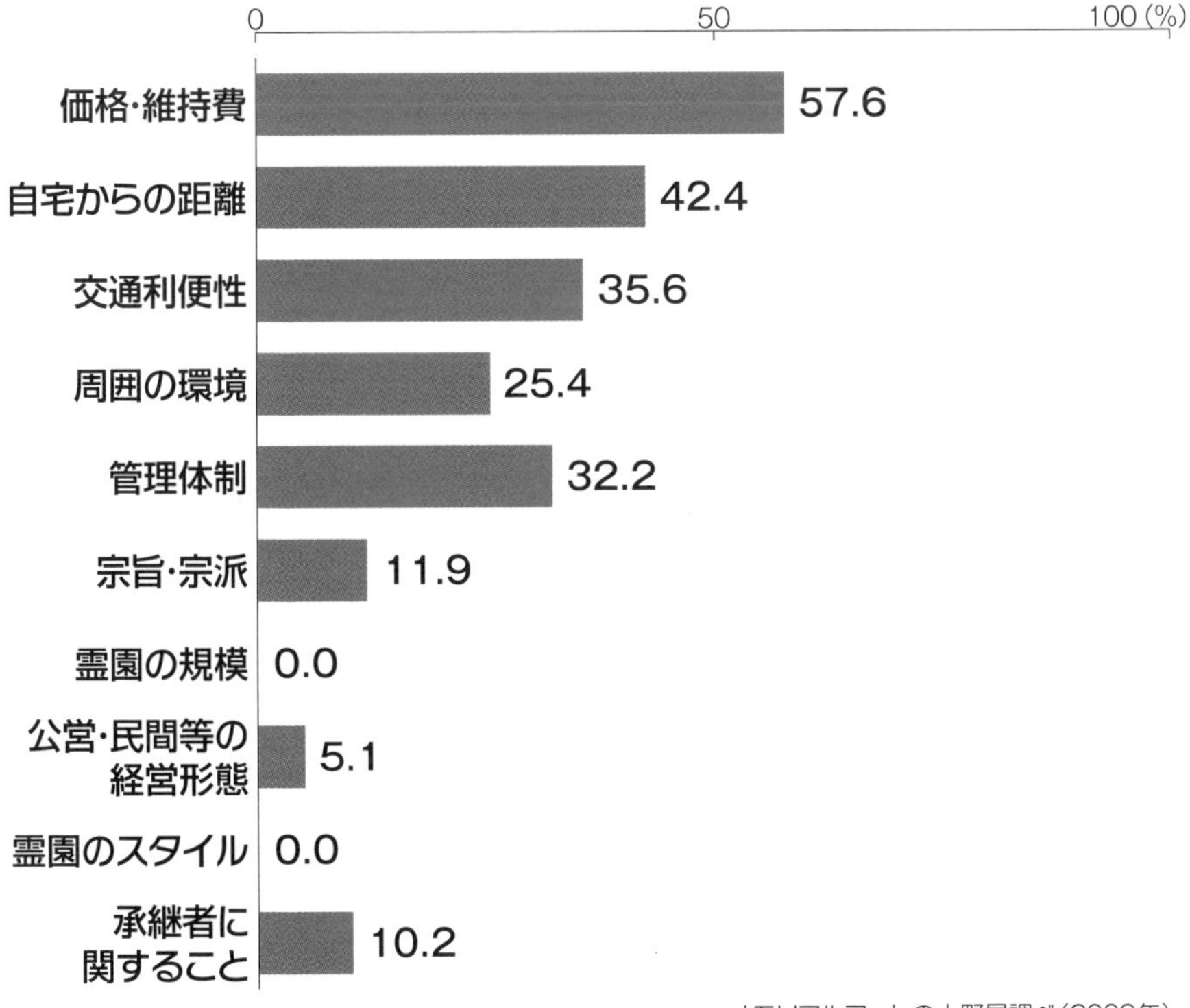

メモリアルアートの大野屋調べ（2009年）

お墓の種類

お墓選びの3つのポイント

新しくお墓を建てる場合、承継者の有無以外にも考えておきたいことがあります。お墓のスタイルや遺骨の祀り方にはさまざまなものがあるからです。

お墓の種類を決める際のポイントとして、おもに3つの点が挙げられます。1つめが承継者の有無。承継者がいない場合、承継を前提としないお墓を選ぶことになります。2つめが、埋葬形態。お墓に埋葬するのが一般的ですが、最近では、遺骨を専用のスペースに収蔵する納骨堂（１３４ページ参照）も増えてきています。3つめが、だれと埋葬されたいか。家墓のように先祖代々の遺骨をいっしょに納めるもののほか、1人でお墓に入る「**個人墓**《こじんばか》」、夫婦で入る「**夫婦**《めおと》**墓**《ばか》」、血縁関係のない人と合葬される「**共同墓**《きょうどうばか》（合葬墓《がっそうばか》）」などの種類があります。

お墓の種類は増えてきている

実際のお墓選びは、3つのポイントを総合的に考えたうえで行います。最近では、家墓として利用できる「**納骨堂**《のうこつどう》」や墓石を建てずに埋葬する「**樹木葬**《じゅもくそう》」など、新しいタイプのお墓も登場しており、以前にくらべて選択肢が増えています。また、「**散骨**《さんこつ》（１３８ページ参照）」や「**手元供養**《てもとくよう》（１４０ページ参照）」といった方法を選ぶことも考えられます。自分や家族が希望する供養のしかた・されかたを踏まえたうえで、希望に合うものを選びましょう。

お墓を選ぶポイント

承継者の有無

承継者がいる → 累代墓

承継者がいない → 累代墓・永代供養墓

累代墓

「家」単位のお墓。代々墓、先祖墓などとも呼ばれる。契約者の死後は、永代使用権が承継者に受け継がれる

永代供養墓

承継者がいない人でも契約が可能。契約者の死後は、墓地管理者がお墓を管理。一定期間がすぎると、他の遺骨と合祀される場合も

お墓での遺骨の祀り方

一般墓

墓石を建て、地下（地上につくられる場合もある）カロートに遺骨を納める

納骨塔型・墳陵型

納骨堂の一種。記念碑として建てられたモニュメントや古墳をイメージさせる塚などの地下や内部に遺骨を収蔵する

納骨堂（134ページ参照）

屋内に設けられた専用のスペースに遺骨を収蔵する

ロッカー型、可動収納型、霊廟型など、さまざまな収蔵方法がある

樹木葬型（136ページ参照）

樹木を墓標として遺骨を埋葬する

だれと埋葬されたいか

累代墓

先祖代々の遺骨がいっしょに祀られる。夫婦それぞれの累代墓をまとめた「両家墓」（145ページ参照）も

夫婦墓

夫婦で1つのお墓に入る

個人墓

1人で1つのお墓に入る

共同墓（合葬墓）

血縁関係のない人が一緒に祀られる

お墓づくりの流れ

希望する条件や予算を踏まえて墓地を探す

お墓づくりは、墓地を探すことから始まります。墓地は経営母体や立地、区画の広さなどによって価格に幅があるほか、宗教・宗派が限定されている、承継者が親族でなければならないなど、さまざまな規制もあります。自分や家族の希望を整理したうえで、適切な墓地を選びましょう。

予算を決める際に注意したいのが、墓石の料金です。墓石の購入・設置にかかる費用は、墓地の「使用料」とは別。墓石を発注する石材店が指定されている民営墓地（116ページ参照）などではめやすとなる金額が提示されていることもありますが、購入者が独自に石材店を選ぶ場合は、前もって石材店の資料を集め、費用の相場を知っておく必要があります。

墓石類のデザインを決めお墓に設置する

墓地を取得したら、石材店と相談しながら墓石のデザインや付属品などを決めていきます。見積もりをとるなどして費用を確認したうえで契約し、墓石の加工や工事を行います。工事が済んだら現地へ足を運び、必ず仕上がりをチェックしましょう。

発注先の石材店や墓石のデザインなどによる違いはありますが、一般に、墓石の発注から工事の完了までには2～3カ月はかかります。お墓の準備が整うタイミングなども考えたうえで、余裕をもって納骨の時期を決めるようにしましょう。

お墓づくりの流れ

予算を決める

・お墓づくりにかけられる予算を大まかに決める
・墓地の使用料や管理費とは別に、墓石類の費用も考慮する

↓

墓地を探す

・希望する条件については、家族や親族と十分に話し合っておく
・立地、設備、交通アクセス、価格などを考えたうえで、情報収集や見学を行う
➡120ページ参照

↓

墓地を取得する

・公営墓地は募集時期や、申し込み資格が限られているので、すぐには取得できないこともある
➡112ページ～参照

↓

墓石類を選ぶ

・石材店と相談しながら、墓石の種類やデザイン、付属品の種類などを決める
・墓石のデザインやサイズに規制がある墓地もあるので、事前に確認しておく➡124ページ参照

見積もり・契約

↓

●お墓づくりにかけたい費用（永代使用料＋墓石料）

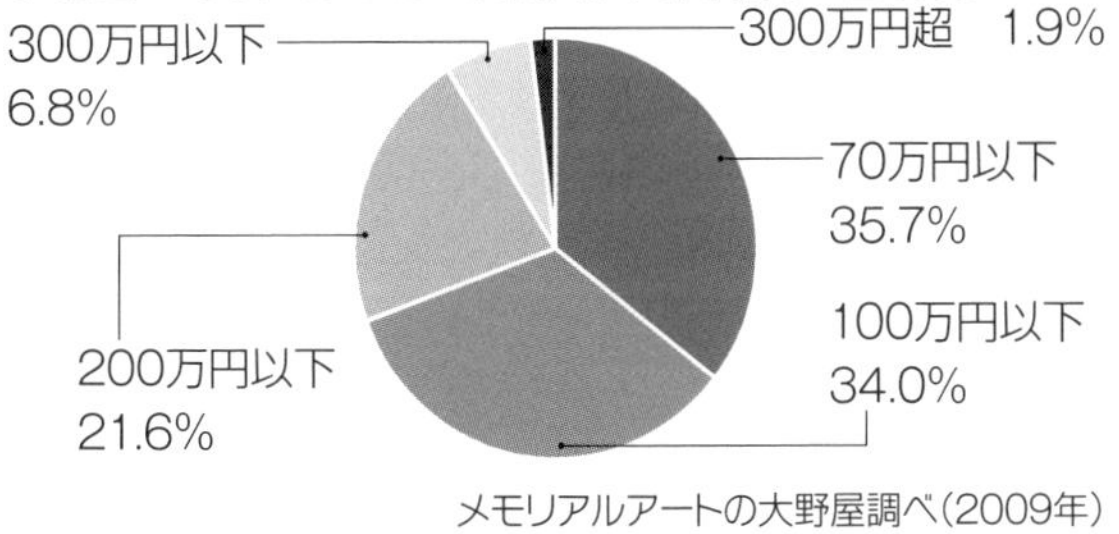

メモリアルアートの大野屋調べ（2009年）

墓石の加工・工事

・発注から工事の完了まで、2～3カ月はかかることが多い

仕上がりを確認

↓

開眼法要

・納骨の前に、お墓に魂を入れるための法要を行う
➡162ページ参照
※宗教により異なる

↓

納骨

・新しいお墓に遺骨を納める ➡100ページ参照

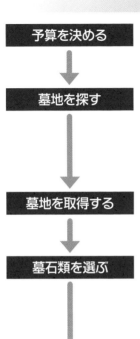

墓地の種類と特徴

●経営母体によって3種類に分けられる

墓地は、経営母体によって大きく3種類に分類されます。1つめが「**公営墓地**」。地方公共団体が管理・運営するものです。公営墓地に対する「民営墓地」には、公益法人や宗教法人による「**公園墓地**」と、寺院に付属する「**寺院墓地**」の2種類があります。

このほか、自治体が管理する共同墓地や会社などの営利組織が運営する墓地、個人の敷地内にある屋敷墓地などもわずかに見られますが、これらの墓地は、現在は新設が認められていません。

●お墓のスタイルによる分類も

墓地は、お墓のスタイルによって分類することもできます。もっとも多いのが、区画を外柵《がいさく》で囲ってカロート（納骨のためのスペース）をつくり、墓石を建てる「**一般墓所**」。公園墓所では、区画の区切りのない芝生に、あらかじめ一定のサイズのカロートが配置されている「**芝生墓所**」や、墓石を置かず、納骨スペースの上に設けられた壁に家名などを彫ったプレートをはめ込む「**壁面墓所**《へきめんぼしょ》」なども見られます。

また、最近では「室内墓所」などと呼ばれる、屋内につくられたお墓もあり、「納骨堂」の需要も増えてきています。このほか、木を墓石がわりにする「**樹木葬**」（136ページ参照）や、身内以外の人の遺骨と合葬されるタイプの「**合葬墓**」を選ぶ人もいます。

経営母体による分類

公営墓地	民営墓地	
	公園墓地	寺院墓地
地方公共団体が運営・管理を行う。宗教・宗派を問わずに利用できる	公益法人・宗教法人が運営・管理を行う。宗教・宗派を問わずに利用できるところが多い	寺院の境内にあり、寺院が運営・管理を行う。原則として、檀家だけが使用できる※

※墓地の一部を区切って、檀家以外のお墓を受け入れているところもある

お墓のスタイルによる分類

一般墓所

それぞれのお墓を外柵で区切り、墓石を建てる

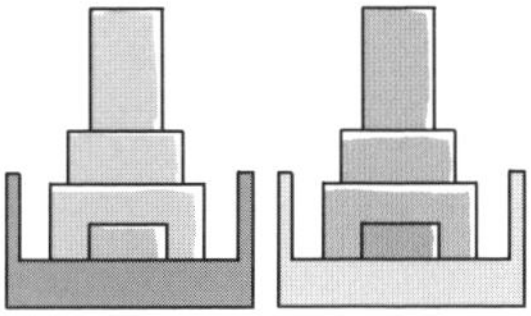

芝生墓所

各区画の間に区切りがなく、カロートがすでにつくられている

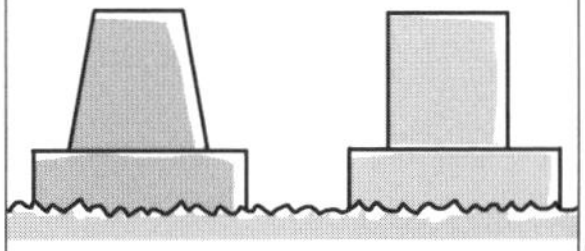

壁面墓所

墓石を置かず、カロートの上に設けられた壁に、家名などを彫ったプレートをとりつける

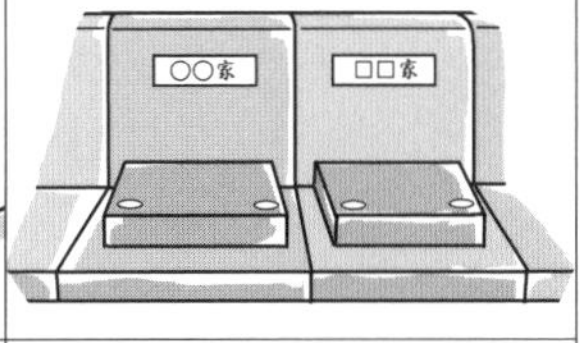

室内墓地

屋内にある一般墓所

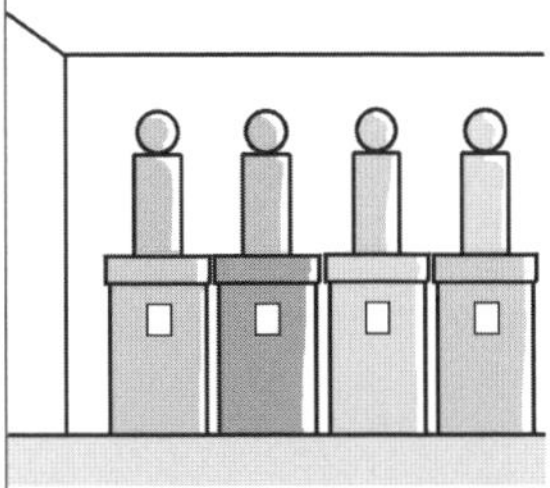

納骨堂

遺骨を収蔵する。ロッカー型、可動収納型、霊廟型、お墓型など

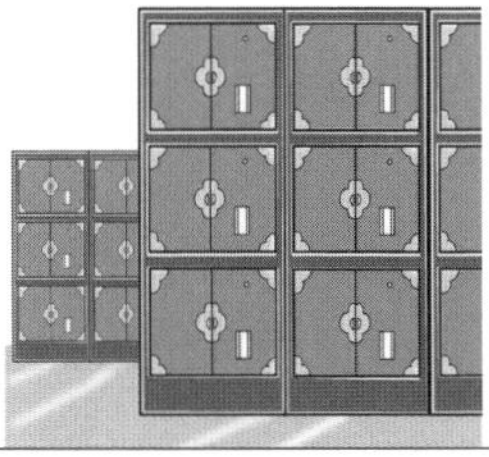

その他

納骨塔、墳陵、樹木葬、各種の共同墓など

一般墓　新しい墓

公営墓地の特徴

公営墓地の利点と注意したい点

公営墓地は、都道府県や市区町村が管理・運営する墓地です。いちばんのメリットは、永続性、公共性があること、民営墓地にくらべて低料金で利用できることです。宗教・宗派に制限がなく、墓石を発注する石材店も自由に選ぶことができます。

ただし、申し込むためには、申込者の居住地や居住期間、遺骨との関係など、いくつもの細かい条件(内容は自治体によって異なる)を満たしていなければなりません。さらに、希望者が多いと抽選で取得者を決めることになるため、人気の高い墓地は倍率が高く、取得が難しいという問題もあります。

申し込むためにはさまざまな条件がある

公営墓地の募集は年に一度行われるのが一般的です(霊園により、募集が行われない年もある)。募集時期も一定ではない場合があるので、日ごろから自治体の発行する広報やインターネットの情報に気を配りましょう。

公営墓地では、墓地のタイプによって、手元に遺骨があることが申し込みの条件となっていたり、他の墓地からの改葬が認められなかったりすることもあります。そのため、生前にお墓を用意したい人や、改葬を考えている人には利用しにくい面もあります。また、承継者が親族と定められていることもあるので、申し込みの資格や条件については、きちんと確認しておくことが大切です。

2019年度　都立霊園（小平霊園）の平均倍率

お墓の種類	平均倍率
一般埋蔵施設	6.2倍
芝生埋蔵施設	3.7倍
合葬埋蔵施設（共同墓の一種）	9.8倍
樹林型合葬埋蔵施設（樹木葬の一種）	15.7倍
樹木型合葬埋蔵施設（樹木葬の一種）	1.2倍

公営墓地の料金のめやす

霊園名（埋蔵方法）	区画の広さ（㎡）	墓地使用料	年間管理料
多磨霊園 （一般埋蔵施設）	1.80～2.00	162万円～ 180万円	1320円
小平霊園 （一般埋蔵施設）	1.70～2.00	144万5200円～ 171万2000円	1320円
八柱霊園 （一般埋蔵施設）	1.70～2.00	33万4900円～ 39万円4000円	1320円
谷中霊園 （一般埋蔵施設）	1.50～2.00	268万500円～ 357万4000円	1320円
青山霊園 （一般埋蔵施設）	1.50～1.95	413万7000円～ 537万8100円	1320円
染井霊園 （一般埋蔵施設）	1.60～1.75	272万1600円～ 297万6750円	1320円

都立霊園　2019年度申込みのしおり　より

公園墓地（民営墓地）の特徴

●公園墓地の利点と注意したい点

公園墓地には、公益法人が運営・管理するものと、宗教法人が経営主体となっているものがあります。例外もありますが、ほとんどは宗教・宗派を問わずに利用することができます。

園内はきれいに整えられ、法要・会食のための施設や駐車場なども併設されていることが多く、また、設備やサービスも充実しています。公営墓地のような取得条件がないので、必要な人はいつでも購入することができます。また、区画の広さなどもさまざまで、墓石のデザインの自由度も高めです。

ただし、大規模な墓地は郊外にあることが多いため、送迎バスの有無や、交通アクセスを事前に確認しておく必要があります。

●墓石などの発注は墓地が指定する石材店へ

多くの公園墓地に墓石の発注先を限定する「指定石材店制度」があります。決められた石材店を利用することが墓地取得の際の条件になります。

また、最近では、一定のデザインの墓石やカロート、その他の付属品などがセットになっている「完成墓所」と呼ばれるタイプのお墓もあります。完成墓所の料金には、墓地の永代使用料、墓石類の料金と工事費用などが含まれていることがほとんどで、墓石や付属品を自由に選ぶものにくらべて割安なことが多いようです。

民営墓地の料金のめやす

墓地名（所在地）	区画の広さ（㎡）	墓地使用料	墓石工事一式（税別）	年間管理料（税別）
八王子メモリアルパーク（東京都八王子市）	1.2	26万円～	55万円	8400円
千葉東霊苑（千葉県千葉市）	3	30万円～	97万円～	1万800円
湘南茅ケ崎やすらぎ霊園（神奈川県茅ケ崎市）	0.64	16万円	85万円	5400円
川口 緑の霊園 安行彩樹園地（埼玉県川口市）	0.96	50万円～	100万円4000円～	8000円
京都桃山霊苑（京都府京都市）	0.8聖地	28万円～	58万円～	2000円
明治の森霊園（大阪府箕面市）	0.7聖地	7万円～	51万円～	5040円
神戸山田霊苑（兵庫県神戸市）	0.8聖地	24万円～	45万円～	2400円

※1聖地＝0.81㎡

メモリアルアートの大野屋調べ（2020年4月）

寺院墓地の特徴

寺院墓地の利点と注意したい点

宗教法人が管理・運営する墓地のうち、寺院の境内地にあるものを寺院墓地と言います。寺院墓地は原則として檀家《だんか》のためのもの。新たに寺院墓地を取得するためには、自分の宗派のお寺を探し、その寺の檀家になる必要があります。

寺院墓地の特徴は、日ごろから手厚く供養してもらうことができるうえ、墓地の管理も行き届いていること。檀家になれば法要はすべてその寺で行うことができるため、僧侶への依頼や会場の手配といった手間も軽減されます。

ただし、檀家になるとお布施や付届（寄付）、お寺の行事への参加といった義務が発生します。なかには、墓地の永代使用料とは別に「**入檀料**《にゅうだんりょう》」が必要なところもあります。また、石材店が指定されていたり、墓石のデザインに制限がある場合もあるようです。

「宗派不問」は慎重に確認を

寺院墓地の中には、「宗派不問」としているところもあります。これは過去、または現在の宗派は問わないけれど、墓地の取得後に改宗することが条件です。その後の葬儀をはじめとするあらゆる法要は、墓地がある寺院の宗派のしきたりに従って行うことになります。

寺院墓地の料金の目安

墓地名（所在地）	区画の広さ（㎡）	墓地使用料	墓石工事一式（税別）	年間管理料（税別）
薬瀧山修繕院観音寺（東京都世田谷区）	0.6	120万円～	76万円～	1万円
光明寺墓苑（埼玉県草加市）	0.56	40万円～	60万円～	5000円
長谷寺飯山観音墓苑（神奈川県厚木市）	1.8	70万円～	154万3000円～	7000円
薬法山福性寺墓苑（千葉県流山市）	0.36	7万円～	60万円	7000円～
大本山妙心寺塔頭養徳院霊園（京都府京都市）	0.5聖地	35万円	45万円～	1万円
富光寺墓地（大阪府大阪市）	1聖地	120万円	78万円～	6000円
専念寺（大阪府大阪市）	0.7聖地	100万円	80万円～	1万2000円

※1聖地=0.81㎡

メモリアルアートの大野屋調べ（2020年4月）

墓地を選ぶポイント

事前の情報収集をしっかりと

新しく墓地を取得する際は、下調べをしっかりしておくことが大切です。自治体の広報紙や新聞・雑誌、インターネットなどを利用して、まずは幅広く情報を集めましょう。次に、よさそうなところを多めに選び、条件を比較検討します。その際に大切なのは、自分なりの優先順位をはっきりさせておくことです。お墓は、建てることより、建ててからお参りすることのほうが大切。雰囲気のよい写真や料金の安さだけに惑わされず、自宅からの距離や交通手段、周辺の環境、墓地の設備なども含めて考えるようにしましょう。

条件に合いそうなところは見学を申し込む

条件に合いそうなところをいくつかに絞り込んだら、墓地の管理者や石材店に連絡し、見学を依頼しましょう。現地へ足を運ぶ際は、自宅からの所要時間や交通の便、最寄りの駅やバス停からの移動のしやすさなども確認します。

墓地の敷地内では、全体の雰囲気に加え、設備の充実度をチェック。また、管理体制を知るヒントにするため、周囲のお墓の状態もよく見ておきましょう。

案内役のスタッフがいる場合、気になることはどんどん質問を。また、可能であれば、墓地の「使用規則」や「工事規定」などの書類をもらっておきましょう。墓地の使用に関する詳しいルールが書かれているため、比較する際のよい資料になります。

よい墓地を選ぶためのチェックポイント

サービス

・対応したスタッフの印象
・墓地の清掃や備品の管理は行き届いているか
・生花や線香などを購入できるところがあるか
・法要施設が併設されているか

敷地内の設備

・水場が各所にあるか
・手桶やひしゃくなどの備品は十分にあるか
・参道の広さ、バリアフリー
・休憩所やベンチなどの有無
・各区画の広さ

交通

・自宅からの交通手段
・電車やバスなどの便
・最寄り駅からの送迎の有無
・最寄駅のタクシーの数
・駐車場の有無と広さ

経営

・経営母体の信頼度
・墓地の規模

●自宅から墓地までの所要時間の理想

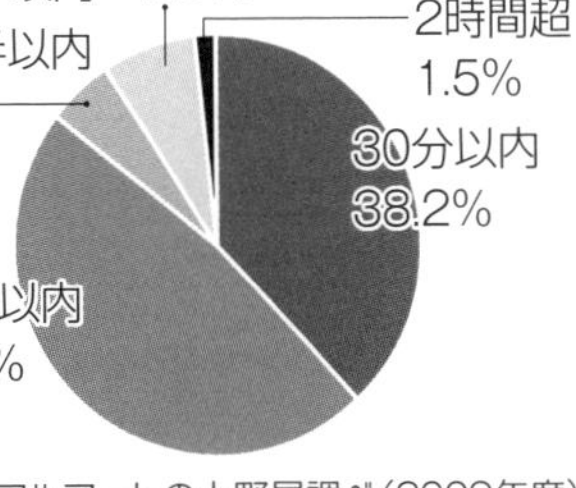

メモリアルアートの大野屋調べ（2009年度）

環境

・自宅からの所要時間はどのくらいか
・急な坂、長い階段などの有無

将来に備えて、自分の家からだけでなく、お墓の承継者の家からの条件も考えておくとよい

お墓を建てる時期

家族の葬儀をきっかけに お墓づくりを始める人が多い

お墓を建てる時期は、大きく2つに分けられます。1つめは家族（両親や配偶者の場合が多い）が亡くなったためにお墓を探すもの。2つめが、自分や配偶者のためのお墓を生前に準備するものです。

手元に遺骨がある場合、納骨式は四十九日忌の法要と合わせて行うことが多いのですが（100ページ参照）、新しくお墓を建てるなら、百ヶ日忌、一周忌や新盆《にいぼん》、三回忌など、区切りのよいタイミングでお墓に納めることを考えます。お墓は完成までに3カ月ほどかかるのが一般的で、さらに墓地探しから始める場合は、時間が必要です。お墓を建てるためには高額の費用がかかるので、故人をきちんと供養するためにも、あせらず、納得のいくお墓を建てることを第一に考えましょう。

自分のためのお墓を 準備しておくことの利点

生前にお墓を建てることを「**寿陵**《じゅりょう》」と言い、「長寿・子孫繁栄・家内円満」を招く縁起のよいものとされています。また、じっくりと時間をかけて自分好みのお墓をつくれる、自分の死後、家族に負担をかけずにすむ、遺産の額によっては相続の際の節税に役立つ、といった現実的な利点もあります。

ただし、多くの公営墓地では、遺骨が手元にあることが取得の条件となっています。生前にお墓を建てる場合は、墓地選びにも注意が必要です。

生前にお墓を建てる場合の良い点&注意する点

良い点

- 自分の死後、遺族の負担を軽くすることができる
- 自分好みのお墓を建てることができる
- 相続の際、節税に役立つことがある

相続税の基礎控除額

基礎控除3000万円+(600万円×法定相続人数)

例　法定相続人が2人の場合

基礎控除額=3000万円+(600万円×2)=4200万円

⬇

相続税の対象となる財産が4200万円までは相続税がかからない

⬇

相続税の対象となる財産が4200万円を超える場合は、遺産として残すより、生前にお墓を建てたほうが節税になる

注意する点

- 公営墓地を取得できない場合が多い
- 取得と同時に年間管理費が発生する
- 工事規定(墓地取得から○年以内に外柵あるいは石碑を建立しなければならない)がある霊園が多い

墓石のデザイン

おもなスタイルは3種類

墓石のスタイルには、和型、洋型、デザイン型の3種類があります。和型は家名などを彫り込む「棹石《さおいし》」が縦に長いもの。洋型は、棹石が横に長く背が低いもの。デザイン型は、建立者の好みに合わせてつくられる自由な形です。

墓地によっては墓石のスタイルやサイズが制限されることもあるので、事前に確認を。家族やお墓の承継者と話し合い、イメージを共有しておくことも大切です。また、墓地全体や周辺の区画とのバランスも考える必要があります。

デザイン型の墓石を建てる場合は、施工が可能かどうか確認します。希望する形が具体的に決まっていなくても、石材店の担当者やデザイナーにイメージを伝えながらデザインをかためていくことができます。

石材は、できれば実物を見て選ぶ

墓石は、材質によっても雰囲気や価格がかわってきます。墓石に適しているのは吸水性が低くて硬度が高い、耐久性にすぐれた石材。また、色味などが好みに合うことも大切です。

石材を選ぶ際は、石材店のカタログやインターネット上のサンプルなどが参考になります。ただし、最終的に決める前に、できれば墓地へ足を運びましょう。さまざまな墓石を比較したり、建ててから時間がたった墓石の状態を見たりすることは、仕上がりをイメージするのに役立ちます。

墓石の種類と価格

●新しく建てたお墓の墓石のスタイル

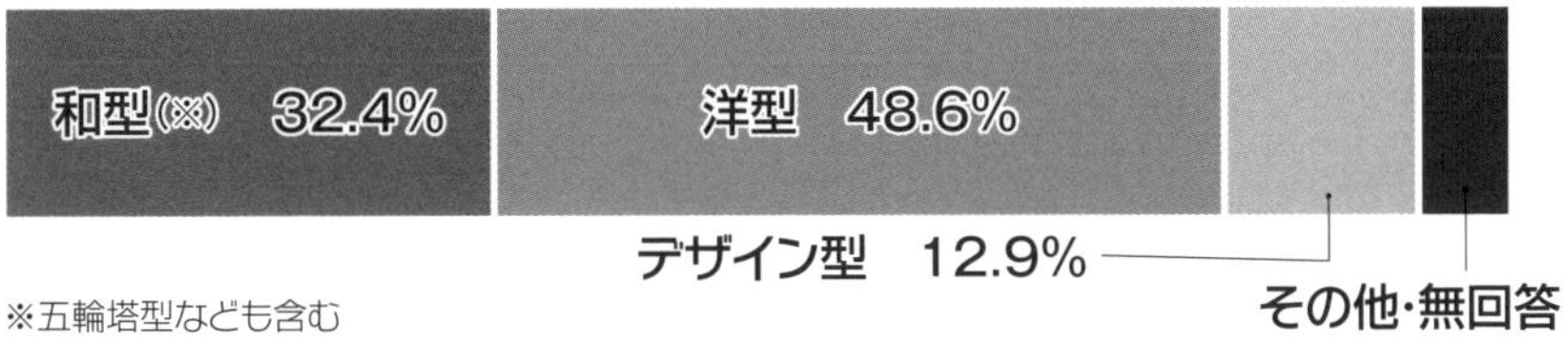

※五輪塔型なども含む

●新しく建てた墓石のスタイルの変化

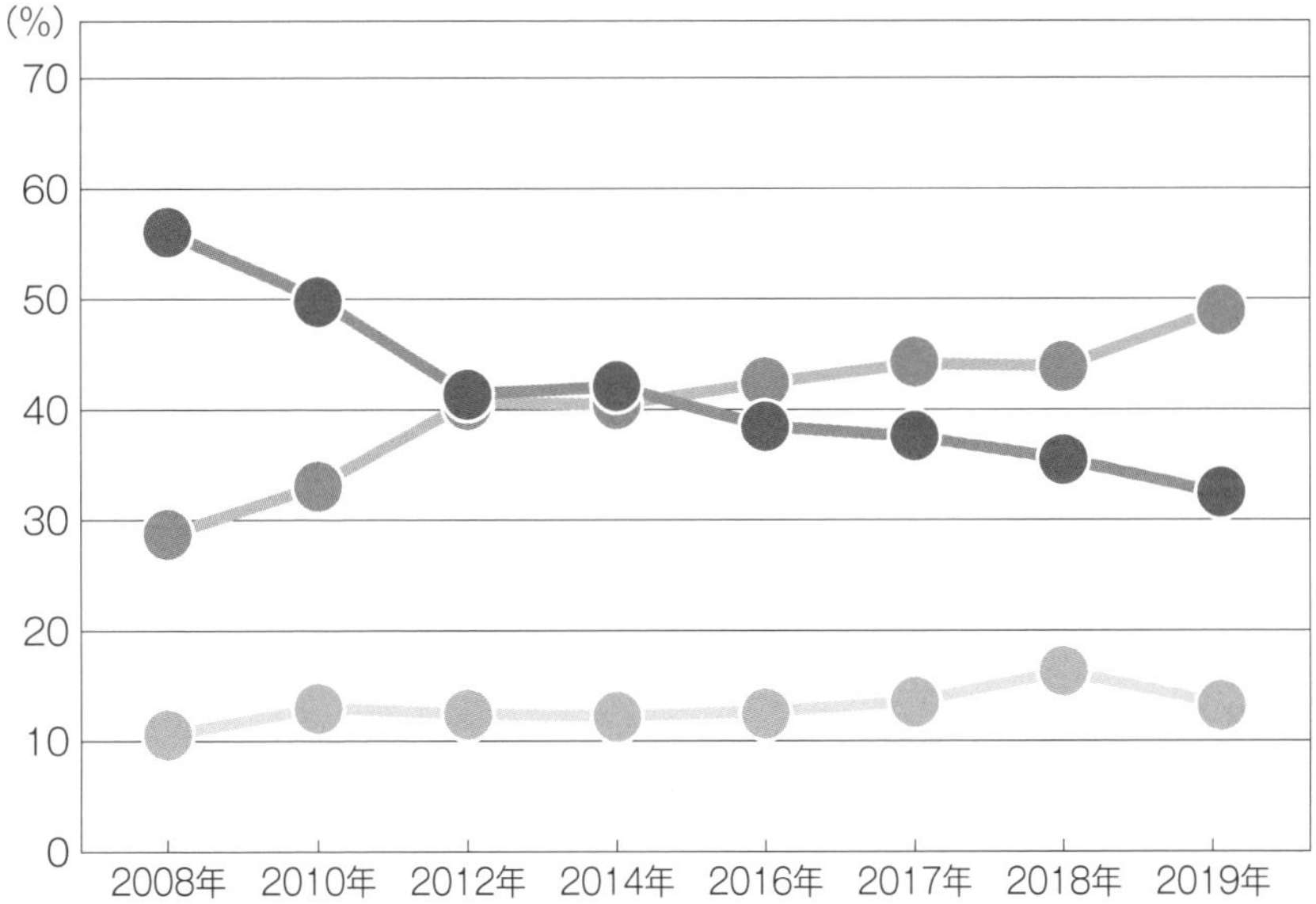

●お墓（墓石）の購入価格

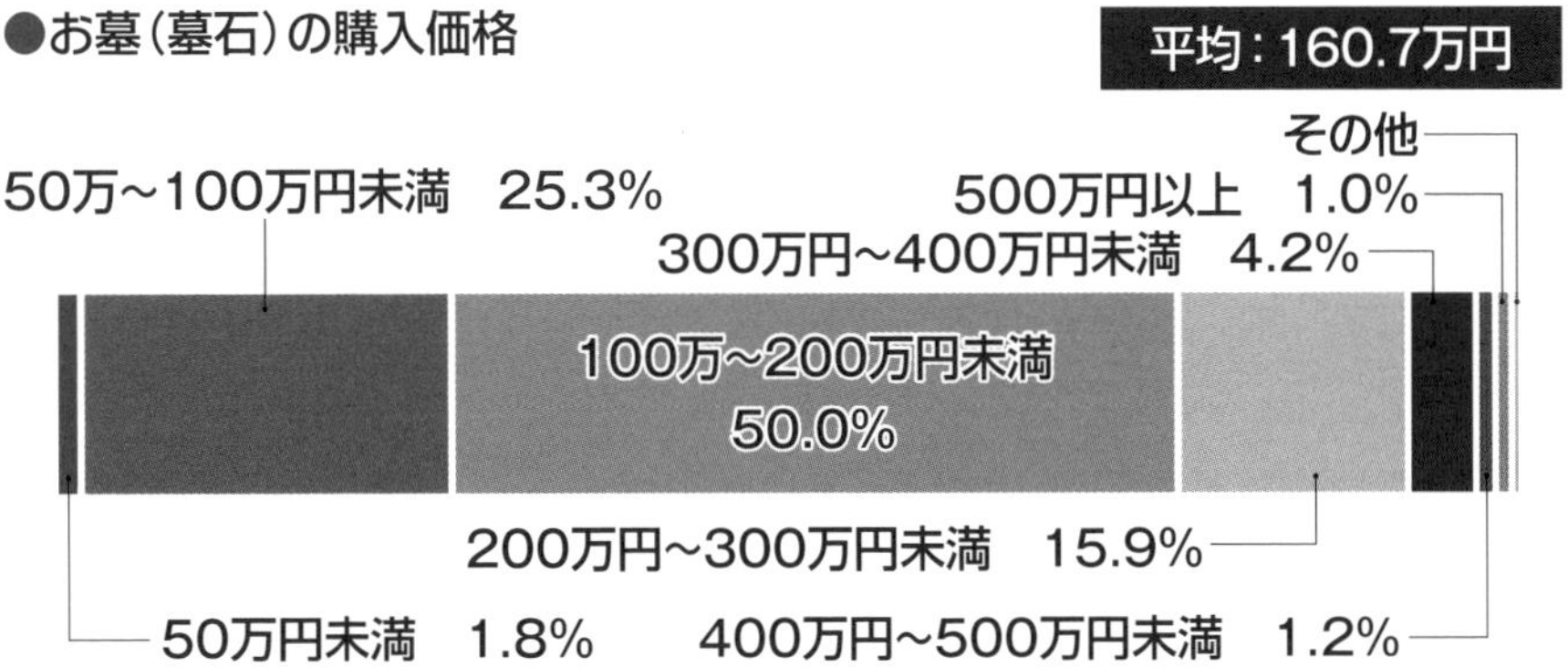

すべて一般社団法人　全国優良石材店の会／「2019年お墓アンケート調査」より

仏式のお墓

墓石とカロート、付属品で構成される

仏式のお墓は、遺骨を納めるカロート（納骨棺）と家名などを刻む墓石のほか、区画を区切る外柵、埋葬者の名前などを記録する墓誌、香炉や花立といった付属品から成っています。

付属品のうち、最低限そろえておきたいのは、お参りの際に必要な花立《はなたて》と香炉《こうろ》（香立）、水鉢など。浄土真宗以外は卒塔婆《そとうば》供養《くよう》のしきたりがあるので、塔婆立も設置します。スペースに余裕があれば、墓誌や手水鉢《ちょうずばち》、灯籠《とうろう》などを加えたり、小さめの木を植えたりすることを検討しましょう。ただし、区画によっては、外柵や塔婆立ての設置が禁止されていることもあるので確認が必要です。

前もってカロートがつくられている墓地も

カロートは地中に埋め込むのが一般的ですが、1つの区画が小さい墓地などでは地上に設置することもあります（「地上納骨棺」「丘カロート」とも呼ばれる）。また、すでにカロートがつくられており、墓石や付属品だけを設置するスタイルの墓地もあります。

墓地の規制がなければ、墓石のデザインは原則として自由です（124ページ参照）。墓石の正面には、「○○家之墓」のような家名や宗派に応じた経文《きょうもん》（南無阿弥陀仏など）のほか、好きな文字や言葉を刻むこともできます。墓石の側面や裏面には、埋葬された人の名前や建之《けんのう》者名、建之年月日などを入れるのが一般的です。

仏式のお墓の例

墓石
正面には家名や好きな言葉などを刻み、側面や裏面に埋葬された人の名前や建之年月日などを入れる

塔婆立
卒塔婆供養の際、卒塔婆をたてる。浄土真宗では不要。設置が禁止されている墓地もある

墓誌※
埋葬されている人の名前や享年(行年)、没年月日などを刻む

水鉢
お墓の正面に設置。上部のくぼみに、きれいな水を入れる

灯籠※
左右一対で設置されることもある

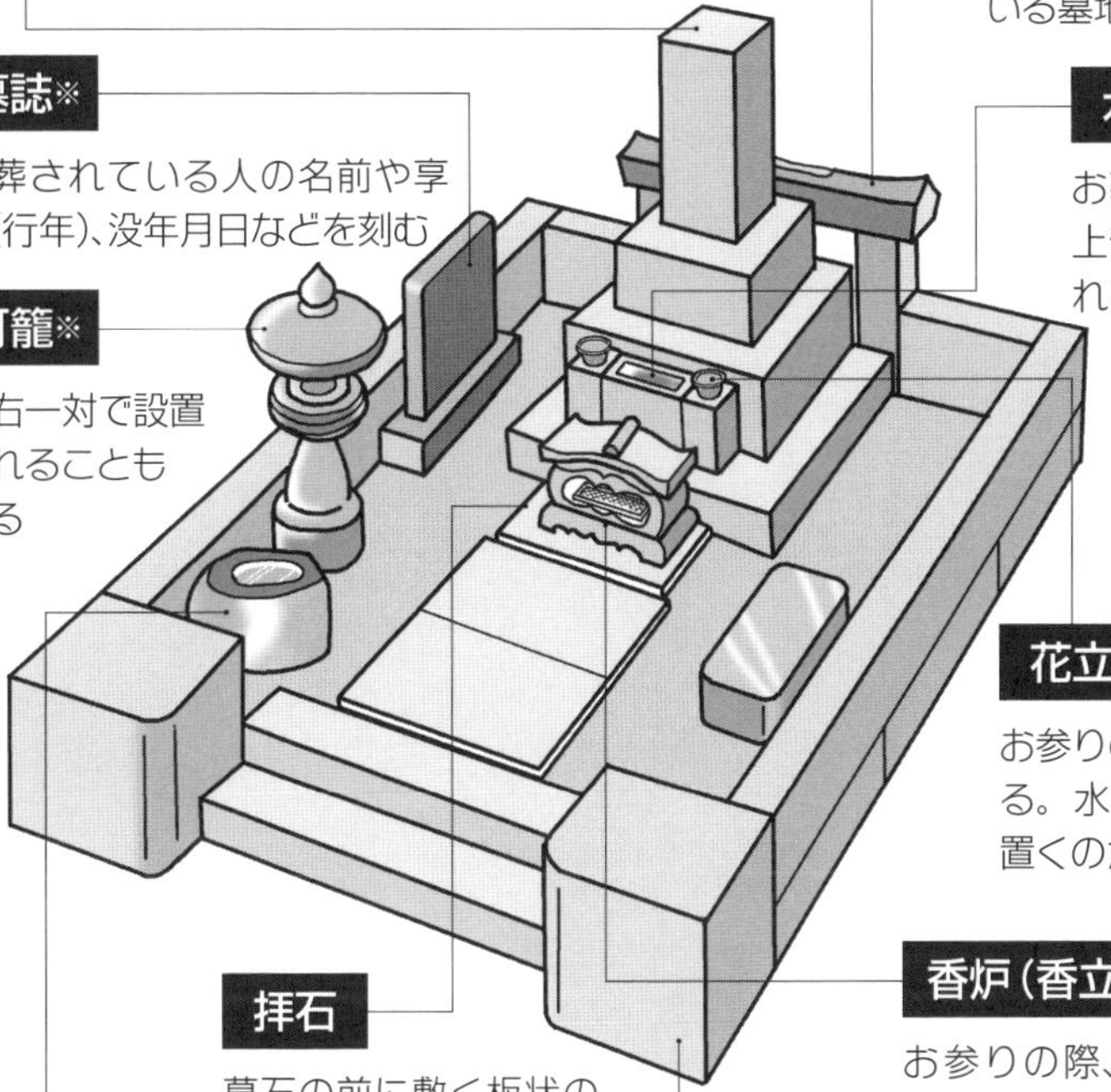

花立
お参りの際、生花を供える。水鉢の左右に一対置くのが一般的

拝石
墓石の前に敷く板状の石。カロートのふたの役割を果たす

香炉(香立)
お参りの際、線香を供える。線香を寝かせる香炉のほか、線香を立てる形の香立もある

外柵
隣の区画との境界を示す。設置が禁止されている墓地もある

手水鉢《ちょうずばち》
お参りする際に手を清めるための鉢。実用ではなく、形式的に置かれることが多い

植木※
小さめの常緑樹が基本。禁止、または木の種類や高さが制限されている墓地もある

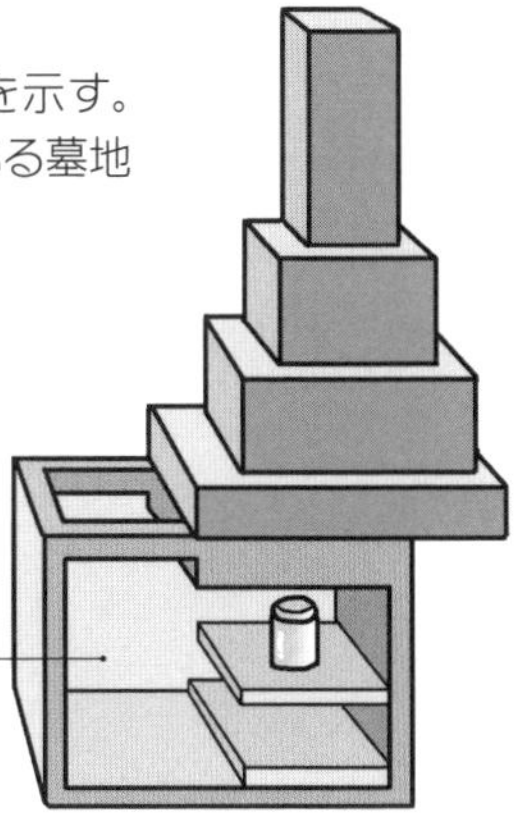

カロート
地域によって遺骨を骨壺から出して納める

※印のものは、スペースに余裕があれば設置してもよい

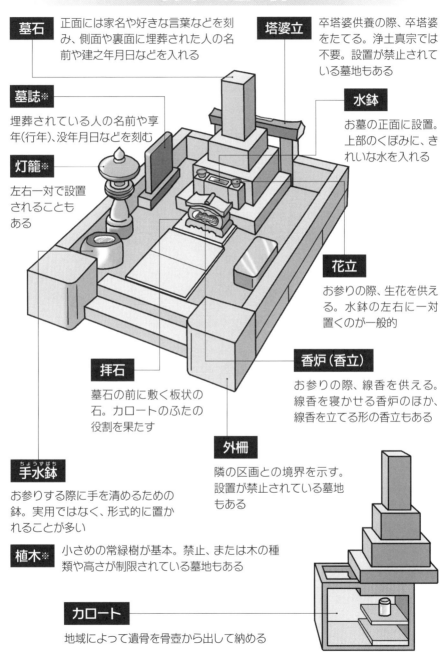

神式のお墓

神式のお墓は宗教を問わない墓地に建てる

神道と仏教では、「死」の捉え方が異なります。神道では、死が不浄なものとされるため、神社の敷地内に墓地は設けられていません。そのため、神式のお墓を建てる際は、宗教を問わずに受け入れが可能な墓地を探す必要があります。

神式のお墓のスタイルは、仏式の「和型」に似ています。特徴は、棹石《さおいし》が縦に長く、上部がとがっていること。また、神式では焼香をしないので香炉は置かず、玉串を供える「八足台《はっそくだい》」を設置します。

棹石の正面には、「○○家奥津城《おくつき》（または○○家奥都城）」と刻むのが一般的。「奥津城」は、神道で墓を意味する言葉です。埋葬された人の名前は、「霊号《れいごう》（霊名）」の形で墓石の側面に刻まれます。霊号とは、生前の名前に、称名《たたえな》と尊称をつけたもので、仏教の戒名にあたります。墓石の側面に入りきれなくなった場合などは、墓石とは別に立てる「霊標《れいひょう》」（仏式の墓誌にあたる）に名前を入れていきます。

納骨の際は神職による「埋葬祭」を行う

神式のお墓の場合、仏式の納骨式にあたる「埋葬祭《まいそうさい》」には神職が立ち会います。お墓の四隅に忌竹《いみだけ》を立てて注連縄《しめなわ》を張り、榊《さかき》や神饌《しんせん》（洗米、塩、水、酒、海の物、山の物など神様に捧げる飲食物）などを供えた祭壇に遺骨を安置します。お祓《はら》いの後、納骨し、祭詞《さいし》の奏上《そうじょう》や玉串奉奠《たまぐしほうてん》が行われます。埋葬祭の後は、参列者や神職とともに会食（直会《なおらい》）を行います。

神式のお墓の特徴

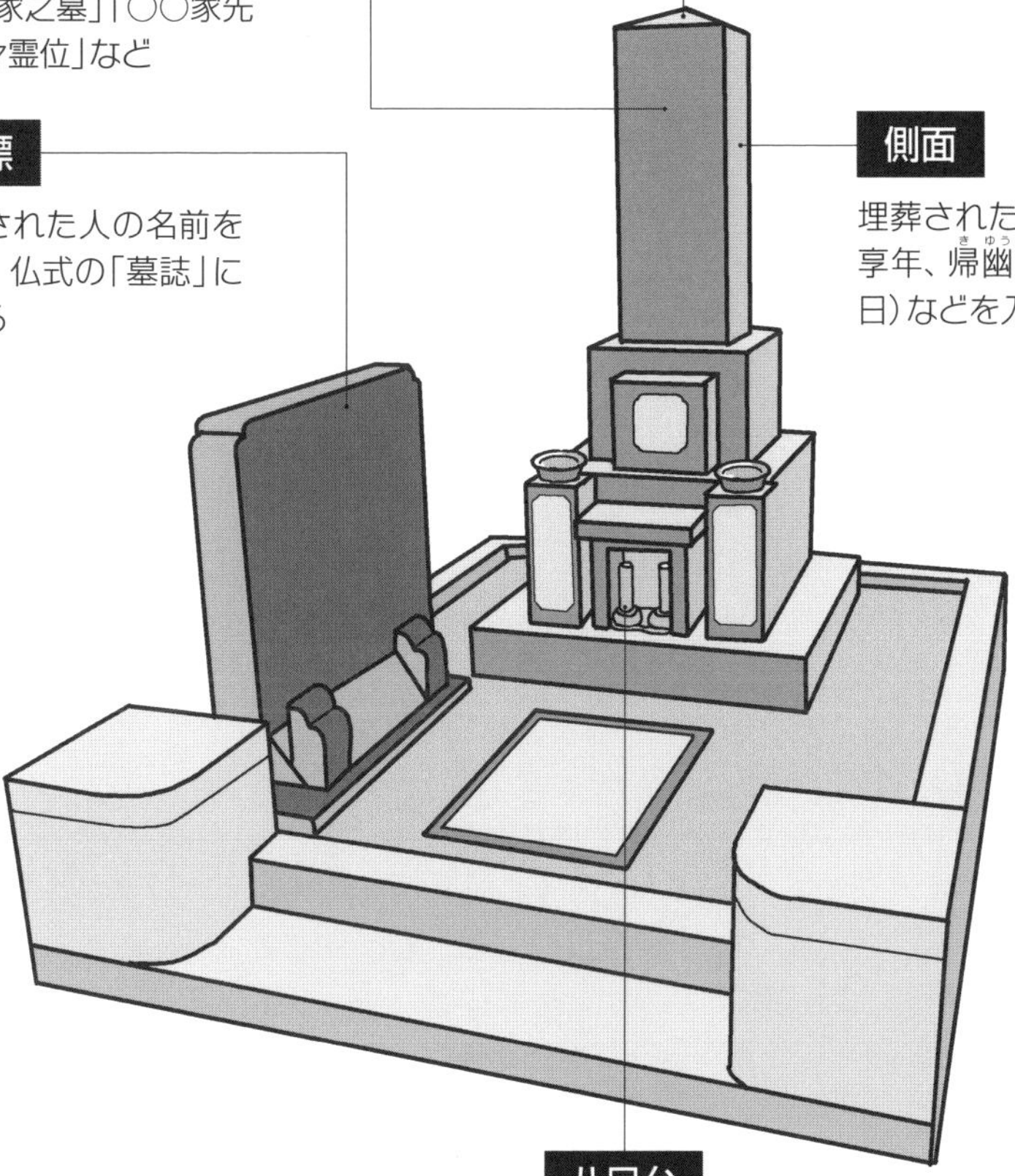
「角兜巾型《かくときんがた》」と呼ばれる
棹石が縦に長く、上部がとがっている
正面
「○○家奥津城」のほか、「○○家之墓」「○○家先祖代々霊位」など
霊標
埋葬された人の名前を刻む。仏式の「墓誌」に当たる
埋葬された人の霊号、享年、帰《き》幽《ゆう》日《び》(没年月日)などを入れる
八足台
玉串を供えるための台

称名の例

●**男性**(亡くなったときの年齢が若い順に)
童男、若子、彦(比古)、郎子、大人、翁、老翁　など

●**女性**(亡くなったときの年齢が若い順に)
童女、少女、姫(比女)、郎女、刀自、大刀自、媼　など

●**尊称の例**　命、之命　など

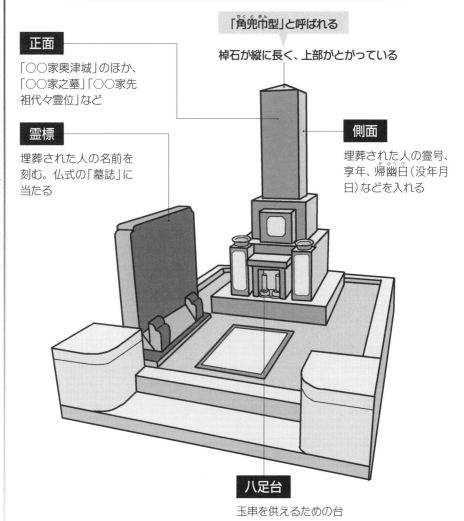

キリスト教式のお墓

お墓の形式などに特別な決まりはない

キリスト教では、死を「神の元へ帰る」ことと捉えます。仏教のように故人を「供養する」という考え方はないため、お墓も、亡くなった人の記念碑的な意味合いが強いようです。キリスト教式のお墓を建てる場合、宗教を問わずに利用できる墓地のほか、教会が所有する専用墓地や納骨堂、信者が利用できる共同墓地などを選ぶことになります。

キリスト教では、お墓の形や構成に関して、とくに決まりはありません。1人が1つのお墓に入る個人墓が基本ですが、家族単位のお墓や、他の信者と一緒に埋葬される共同墓などを選ぶ人もいます。墓石のスタイルも自由ですが、シンプルな洋型が多く見られます（125ページ参照）。また、墓石のかわりに十字架を建てる人もいます。墓石に刻む文字にも決まりはなく、故人の名前やクリスチャンネーム、好きな言葉、聖書の一節、十字架など、さまざまですが、「〇〇家」と家名を刻むこともあります。

納骨の際は聖職者が神に祈りを捧げる

キリスト教の場合、亡くなってから約1カ月後の**「追悼《ついとう》ミサ」**（カトリックの場合）または**「召天《しょうてん》記念《きねん》日《び》」**（プロテスタントの場合）に納骨するのが一般的です。納骨の際は、墓前での賛美歌の斉唱や聖書の朗読のあと遺骨を納め、参列者による献花が行われ、聖職者が神に祈りを捧げます。

キリスト教式のお墓のいろいろ

お墓を立てる場所

教会が所有する墓地や納骨堂

信者が共同で利用する共同墓
➡教会単位でつくるお墓で、複数の遺骨を1つのお墓に埋葬する。その教会の信者なら利用できる。
・教会の敷地内にあるもの
・民営墓地に教会の名でお墓を建てるもの

宗教を問わずに取得できる公営墓地や民営墓地

おもなお墓の種類

個人墓
1人が1つのお墓に入る

累代墓
家族が1つのお墓に入る

共同墓
家族以外の複数の人が1つのお墓に入る

お墓のデザイン

キリスト教式のお墓は、とくに形式が決められていない。

洋型の墓石

十字架

デザイン型の墓石

故人の名前（クリスチャンネーム）や、好きな言葉、聖書の一節など。家名を刻んでもよい

永代供養墓の種類と選び方

●「だれと」お墓に入るのか

子どもや親族などが代々承継していく累代墓（104ページ参照）に対し、承継を前提としないお墓が「**永代供養墓**《えいたいくようぼ》」です。承継者がいない場合のほか、自分の死後、遺族にお墓の管理などの負担をかけたくないという理由で永代供養墓を選ぶ人もいます。

お墓のスタイルは、大きく2つに分けられます。1つめが、1人または夫婦で1つのお墓に入るもの。「**個人墓**」「**夫婦墓**」などと呼ばれます。2つめが、最初から身内以外の人の遺骨と一緒に供養される「**共同墓（合葬墓）**」。友人など限られた人だけが入る場合と、不特定多数の人が合葬される場合があります。

●「どんな」お墓に入るのか

個人墓や夫婦墓の場合、一定期間が過ぎると合祀されるものと、累代墓と同様に、専用区画に墓石を建て合祀されないタイプもあります。

遺骨の埋葬は、地下または地上に設置したカロートに収めたり、室内の専用スペースに、骨壺に入れた状態で収蔵するものなどがあります。最近、利用者が増えている納骨堂などがこれに当たります。永代供養墓を選ぶときは「だれとお墓に入るのか」に加えて、「どのような形式のお墓に入るのか」も考える必要があります。

永代供養墓を選ぶときのポイント

①だれとお墓に入るのか

- 自分1人 → **個人墓**
- 夫婦で → **個人墓（夫婦墓）**
- 友人と → **共同墓**（夫婦墓と同様、特定の相手と合葬）
- 他人といっしょで構わない → **共同墓（合葬墓）**

②どんなスタイルのお墓に入るのか

- 伝統的なお墓 → 墓地の専用の区画に墓石を建て、カロートに遺骨を納めるタイプ
- 新しいタイプのお墓
  - → 最初から他の人の遺骨とともに合葬されるタイプ
  - → 室内に設けられた専用の区画に、1人分ずつ骨壺に入れた状態で遺骨を収蔵するタイプ → **契約で決められた一定期間（十三回忌、三十三回忌など）が経過** → 他の人の遺骨とともに合葬されるものもある

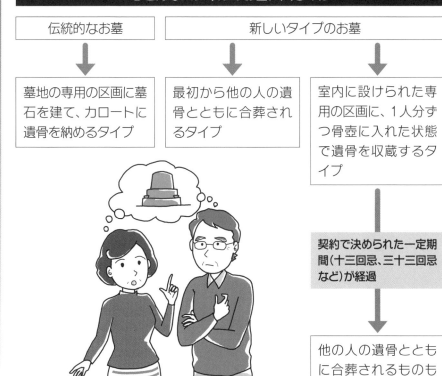

新しいタイプの供養① 納骨堂

●遺骨を埋葬せず専用の施設に収蔵する

納骨堂とは、遺骨を埋葬せず、屋内の専用スペースに収蔵する施設のこと。墓地と同様、公営の施設のほか、公益法人や宗教法人が経営するものがあります。納骨堂は、収蔵期間によって3種類に分けることができます。1つめが、永代使用権が認められるもの。お墓と同様に親族などが承継することができます。2つ目が、永代供養墓として利用できるもの。最初からほかの遺骨と合祀《ごうし》されるものと、契約時に定められた期間は個別に供養され、その後はほかの遺骨と一緒に合祀されるものとがあります。3つめが、数年単位で収蔵期間が区切られているもの。更新が可能なことが多く、埋葬先が決まるまでの間など、一時的に遺骨を安置しておきたい場合に適しています。

●お墓より費用がかからないが墓まいりにはもの足りなさも

納骨堂の場合、利用者が墓石などを建てる必要がないため、一般的なお墓にくらべて費用の負担が少なくなります。駅の近くなど交通の便がよいところにも多く、またお墓の管理に手間がかからないのもよい点です。

その反面、線香や供物に制限があったり、個別にお参りできない、などの制約があることもあるので事前の確認が必要です。各宗派の本山が納骨堂を運営しているケースもありますので、宗派にこだわりがある場合は本山に相談してみる方法もあります。

納骨堂の使用料の例

	墓地名（所在地）	収蔵期間	広さ	使用料	年間管理費
公営墓地	多磨霊園・みたま堂（東京都府中市）	30年（※1）	2体用	22万7000円	3140円
			4体用	30万3000円	4190円
			6体用	37万9000円	5240円
民営墓地	八柱霊園（千葉県松戸市）合葬埋蔵施設（一定期間後共同埋葬）	20年	1体用	13万円	—
			2体用	26万円	—
	赤坂浄苑（東京都港区）	永代使用	—	150万円	1万8000円
	常光閣（千葉県千葉市）	1年、3年 7年、13年 33年	—	1年：10万円 3年：20万円 7年：30万円 13年：50万円 33年：100万円	1万円
	雲龍院「龍華堂」（京都府京都市）	30年（※2）	—	88万円	1万3000円

※1　更新可（新たに使用料が発生）　※2　更新可（更新料30万円）
公営墓地／都立霊園 令和元年度概要　民営墓地／メモリアルアートの大野屋調べ（2020年4月）

新しいタイプの供養② 樹木葬

遺骨を個別に埋葬するほか他の遺骨と合葬されるタイプも

樹木葬は、永代供養墓の一種として選ばれることが増えてきました。墓石のかわりに樹木を植えて墓標とし、埋葬します。遺骨は、納骨袋や骨壺などに納めて埋葬されることが多く（遺骨を直接埋葬することもある）、「自然に還る」ことができる埋葬法として人気が高まっています。

散骨との違いは、遺骨を「埋葬」するため、墓地として許可を得ているところでなければ行えないこと。そのため、樹木葬が可能なのは、墓地として許可を得ている山林や、墓地の一角につくられたスペースなどに限られます。

樹木葬の多くは永代供養墓なので、承継者がいなくても利用できます。墓石を建てる必要がないため費用の負担も軽く、お墓の管理も寺院や霊園の管理者に任せることができます。ただし、埋葬後は遺骨をとり出せないことがほとんどなので、将来的に改葬を考えている人は不向きでしょう。

自然に還ることができる埋葬法

樹木葬には、シンボルツリーのまわりに遺骨を埋葬するタイプ、個人や夫婦で利用できる区切られたスペースにそれぞれ1本の木を植えるタイプ、山林に埋葬して墓標として植樹を行うタイプなどがあります。また、1人分ずつ袋などに納めて埋葬するもののほか、共同墓として、最初から他の遺骨といっしょに埋葬するものもあります。

樹木葬にかかる費用の例

	墓地名（所在地）	埋葬の方法	使用料	その他の料金
公営墓地	小平霊園（東京都東村山市）	樹林の下に多くの遺骨を一緒に埋葬	12万8000円（1体）	——
公営墓地	小平霊園（東京都東村山市）	樹木の周辺に1体ずつ埋葬	18万8000円（1体）	——
民営墓地	奥多摩霊園家族永代供養「さくら」（東京都西多摩郡）	1区画に家族・親族とともに埋葬	52万円	環境保全費11万円（税込） 納骨料2万7500円（税込）
民営墓地	酒々井霊園「こもれび苑」（千葉県印旛郡）	個人墓	20万円（1体）	永代管理費2万円 納骨料3万1900円（税込） 彫刻料金5万5000円（税込）〜
民営墓地	酒々井霊園「こもれび苑」（千葉県印旛郡）	合祀墓	10万円（1体）	永代管理費1万円 納骨料3万1900円（税込） 彫刻料2万2000円（税込）
民営墓地	神戸聖地霊園永代供養「樹木葬さくら」（兵庫県神戸市）	個別納骨	20万円〜（1体）	——
民営墓地	神戸聖地霊園永代供養「樹木葬さくら」（兵庫県神戸市）	共同納骨	9万円（1体）	——
民営墓地	千早赤阪メモリアルパーク「家族永代供養さくら」（大阪府千早赤阪村）	1区画に家族・親族とともに埋葬	20万円〜	環境保全費10万円（税別） 納骨料2万円（税込） 家名プレート1万5000円（税別）

公営墓地／都立霊園 令和元年度概要　民営墓地／メモリアルアートの大野屋調べ（2020年4月）

新しい墓

新しいタイプの供養③　散骨

●粉末状の「遺灰」を海などにまく

散骨《さんこつ》は、遺骨を海や山などにまく供養の方法です。樹木葬（136ページ参照）と同様、「自然に還る」ことができる方法として注目されています。散骨は遺骨を埋葬・収蔵しないため、墓地や埋葬についての定めた法律にも、散骨に関する具体的な規定がありません。現段階では、節度をもって行えば違法ではない、という解釈が一般的になっています。

散骨の際に最低限守りたいルールは、散骨にふさわしい場所を選ぶことと環境保全に配慮すること（139ページ参照）、必要に応じて地主の了承を得ることなど。役所への届出などは必要ありませんが、条例で散骨を禁止・規制している自治体もあるので、必ず事前の確認が必要です。

また、散骨する際は、遺骨を砕いて粉末状（2ミリ以下）の「遺《い》灰《はい》」にする必要があります。遺骨を砕く作業は遺族が行っても法的な問題はありませんが、専門の業者に依頼するのが一般的です。

●遺骨のすべてをまくか、一部をまくか

散骨には、遺骨の一部をまく方法と、すべてをまく方法があります。一部をまく場合、散骨しない遺骨はお墓に納めるか、手元において供養することになります。すべてをまく場合は手元に遺骨が残らないので、墓参りができません。その後の供養のしかたについて考え、家族や親族の同意も得ておくとよいでしょう。

自然葬（散骨、樹木葬など）についての考え（複数回答）

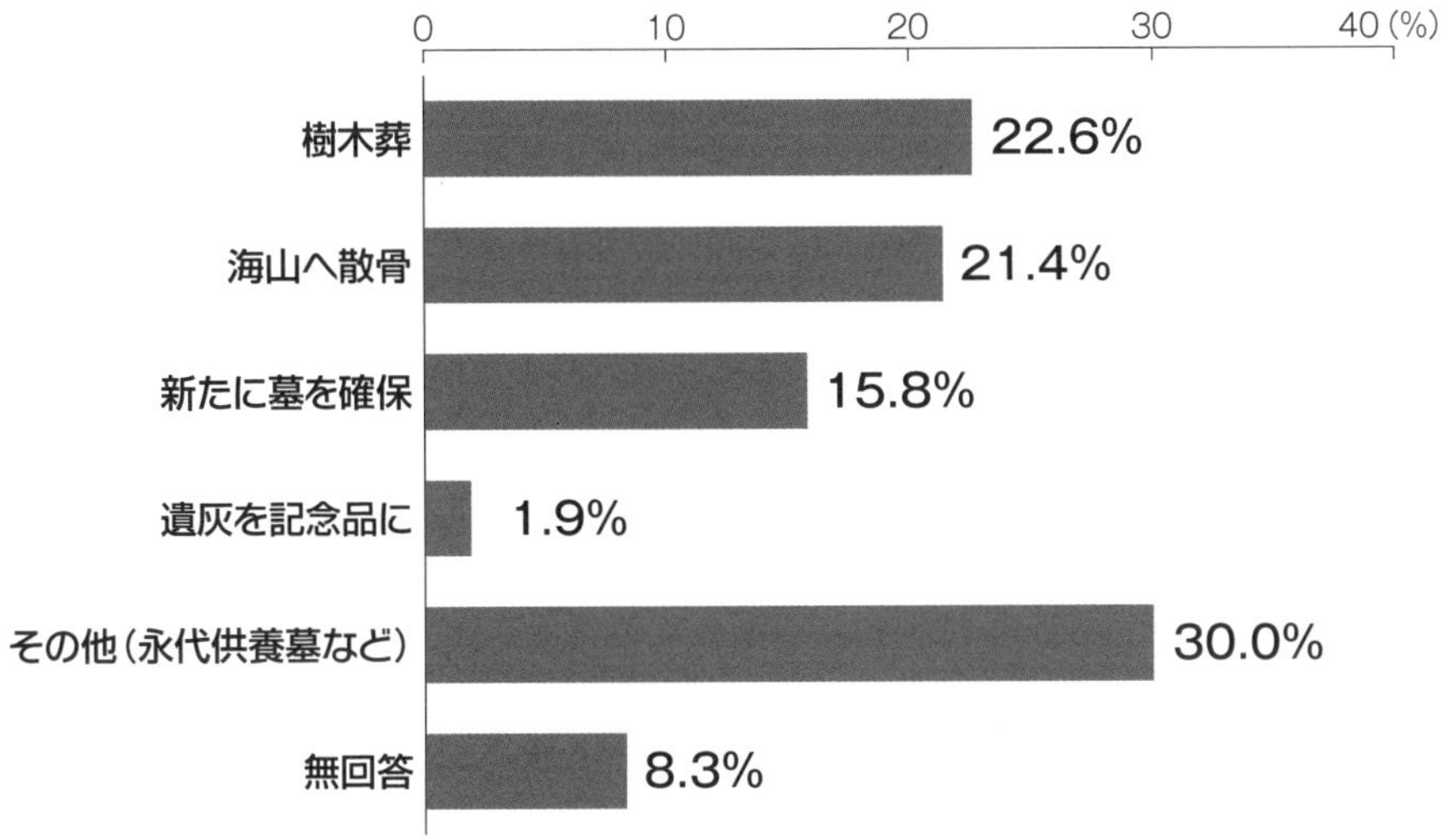

一般財団法人 日本消費者協会「第11回 葬儀についてのアンケート調査」より

散骨のルール

①遺骨は細かく砕き、粉末状の「遺灰」にする

遺骨を砕かずにまくと法律違反になる

④地主の了承を得る

自分の土地以外に散骨する場合は、事前に地主の了承を得る

②自治体のルールを確認する

散骨が禁止・規制されていることもある

⑤環境保全に配慮する

自然に還らない（自然に還るのに時間がかかる）ものや景観を損ねるものをいっしょにまかない

③散骨にふさわしい場所を選ぶ

漁場や海水浴場、養殖場などの近くや海洋交通の要所を避けるなど

新しいタイプの供養④ 手元供養

遺骨の全部または一部を自宅に安置する

手元供養《てもとくよう》とは、遺骨をお墓に納めず、自宅に安置して供養する方法です。遺骨のすべてを骨壺に入れた状態で祀ることもありますが、最近では遺骨の一部を分骨して手元におくスタイルが主流です。

遺骨を自宅に置くことに法的な問題はなく、役所などへの手続きも必要ありません。分骨を家族の手で行っても構いませんが、将来的に手元の遺骨をお墓に納める可能性がある場合は、自宅での分骨は避けましょう。遺骨を埋葬・収蔵する際にはだれの遺骨なのか証明しなければなりません。そのため、火葬場または墓地で分骨を行い、管理者から「**分骨証明書**」を発行してもらう必要があります。

インテリアになじむ骨壺や各種のアクセサリーも

手元供養の方法は、おもに2種類です。1つめが、遺骨を小さな骨壺に納めて祀る方法。骨壺にはさまざまなデザインのものがあります。遺影などと一緒に仏壇に安置するほか、インテリアに合うものを選び、身近な場所に安置して飾っておくこともできます。

2つめが、アクセサリーとして身につける方法。遺骨や遺灰を納められる形のブローチやペンダントのほか、遺骨を宝石のように加工するものもあります。アクセサリーにする場合、使用する遺骨は米粒程度です。使いきれずに余ることがないよう、デザインや加工法を決めてから、必要な量だけ分骨するようにしましょう。

手元供養の例

オブジェ

中に遺骨を納められるようになっている置きものや人形など

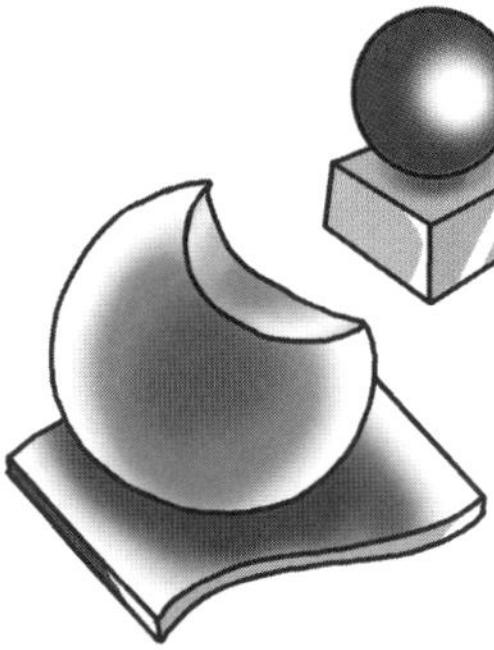

骨壺

少量の遺骨を納める、小さなサイズの骨壺。さまざまなデザインのものがある

骨壺などを安置するためのステージも

骨壺やつけていないときのアクセサリーなどを置くための、専用の台やボックスなどもある。

アクセサリー

ペンダント、ブローチ、ブレスレット、指輪など。少量の遺骨や遺灰を納められる

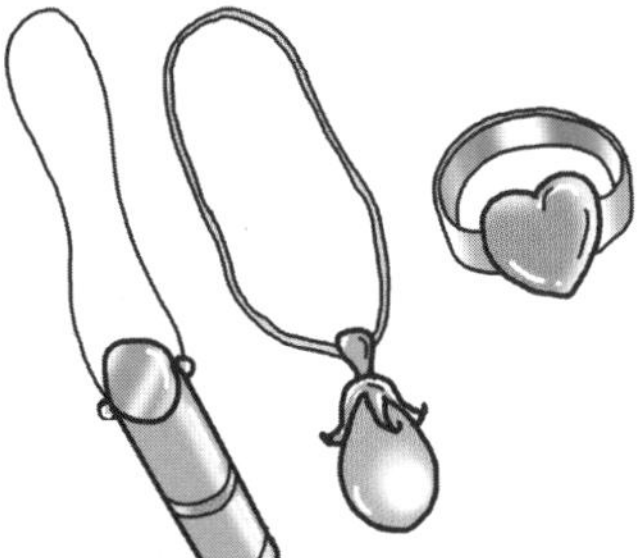

ジュエリー

ダイヤモンドなどの宝石のように遺骨を加工する

お墓について知りたいこと

Q 夫は累代墓を継いでいますが、私は夫の家のお墓ではなく、実家のお墓に入りたいと思っています。実家のお墓は、結婚して子どもがいる弟が継いでいますが、私も入ることはできますか？（女性45歳）

A 結婚して姓がかわっていたとしても、現在、お墓を継いでいる弟の了承が得られれば、実家のお墓に入ることは可能です。ただし、それ以前に、夫や子ども、婚家の親族とよく話し合っておく必要があります。夫のお墓に入りたくない理由にもよりますが、身内が納得していないと、いざというときトラブルが起こることも考えられるからです。

場合によっては、婚家と実家、両方のお墓に入ることも検討しましょう。その際は、火葬場で遺骨を2つの骨壺に分けてもらい、必ず「**分骨証明書**」を発行してもらいます。分骨証明書がないと、2カ所以上のお墓に遺骨を納めることができないので注意が必要です（140ページ参照）。

同時に、弟の死後は、妻や子どもなどがお墓の承継者となるため、弟側の親族にも理解を求めておく必要があります。また、自分の年忌法要も、事前にとり決めを。だれが施主となり、だれが費用を負担するのかなどについて、きちんと決めておきましょう。

Q

いずれ累代墓の承継者になる予定の息子は、海外在住。将来的に、定期的なお墓参りなども期待できそうにありません。お墓が長く放っておかれたために、無縁墓とされてしまうようなことはありますか？

（男性70歳）

A

「**無縁墓**《むえんばか》」とは、管理する承継者がいなくなったお墓のことです。無縁墓とみなされると契約者の永代使用権は消滅します。そして管理者には、お墓を整理して更地にしたり、その区画をあらためて販売したりすることが認められているのです。無縁墓となった場合、中に納められている遺骨は、墓地の共同墓などに合葬《がっそう》され、墓石類は撤去・処分されます。ただし、墓地の整理には費用がかかるため、墓地の不足が深刻な都市部以外では、無縁墓がそのまま放置されていることも多いようです。

新しく墓地を取得する際には、「**永代使用料**」を支払います（106ページ参照）。これは、その土地を墓地として利用する「権利」を得るためのもの。墓地取得の契約後も、土地の所有権は墓地の管理者やお寺が保有しているのです。

また墓地の取得者は、永代使用料に加え、管理費（年払いの場合が多い）を支払う必要があります。管理費は、墓地の共用部分の維持・管理にあてられる費用です。管理費の支払いが数年間以上滞った場合、墓地の管理者から書面などで連絡があります。さらに、官報や墓地での掲示などによって一定期間公示されます。それでも申し出や滞納分の支払いがない場合、「無縁墓」とみなされるのです。仮に、お参りする人がまったくいなかったとしても、管理費がきちんと納められていれば、無縁墓として扱われることはありません。

Q ペットの犬が高齢になり、お墓のことが気になります。市に処分を頼むと、ごみと同じ扱いになると聞きました。私たちの死後、ペットの遺骨を同じお墓に埋葬することはできますか？

（女性55歳）

A 法律で禁止されているわけではありませんが、多くの墓地では、人間の遺骨以外をお墓に納めることを禁止しています。累代墓を承継していたり、墓地を取得していたりする場合は、墓地の使用規則を確認してみましょう。

まだ数は多くありませんが、最近では、ペットといっしょに入れるタイプのお墓も登場しています。これから墓地の取得を考えている場合は、ペットの埋葬も可能なところを探してみるとよいでしょう。

ペットを人間のお墓に入れることができない場合、ペット霊園を利用する人が多いようです。火葬後、ペットの遺骨を個別のお墓や共同墓に納めて供養することができます。火葬後の遺骨の全部または一部を骨壷に納めて持ち帰り、手元供養（140ページ参照）をする方法もあります。

一戸建てであれば、自宅の敷地内に亡くなったペットを埋葬することは違法ではありません。ただし、においなど、周囲への影響には配慮が必要です。自治体に引き取りを依頼することもできますが、対応は自治体によって異なるので、事前の確認が必要です。有料ごみとして扱われるところもあれば、個別またはまとめて火葬してくれるところもあります。自治体によっては、火葬後の遺骨を動物用の墓地に埋葬してくれたり、遺骨を返還してくれたりすることもあるようです。

Q **夫も私も1人っ子。夫はすでに、実家のお墓を承継しています。私の実家のお墓は、両親が亡くなったあと、だれが承継すればいいのでしょうか？**
（女性・50歳）

A お墓は、慣習として長男が承継することが多いのですが、女性や長男以外の男性でも受け継ぐことができます（104ページ参照）。そのため、夫婦がともにお墓の承継者である場合、3つの選択肢があります。

1つめが、それぞれが実家のお墓を承継すること。2つめが、夫婦のどちらかが両家のお墓を承継すること。この場合、承継者となるのは夫でも妻でも構いません。そして3つめが、両家のお墓を1つにまとめて夫婦のどちらかが承継することです。

夫婦それぞれの家墓を1つにまとめたものを「両家墓《りょうけばか》」と言います。両家墓にする場合、どちらかの累代墓にもう一方のお墓の遺骨を移すか、新しくお墓を建てて、そこに2つのお墓の遺骨を改葬することになります。夫婦はもちろん、両家の親族ともよく話し合い、お墓参りのしやすさなども考えたうえでお墓のまとめ方を決めるとよいでしょう。また、残すほうの墓石に「○○家之墓」と彫ってある場合は、墓石をつくり直す必要があります。両家の姓を並べるほか、「絆」「和」など、家名に関係のない言葉を入れることを選ぶ人もいます。

ただし、両家の宗教・宗派が異なる場合や、両家のお墓が別々の寺院墓地にある場合は、両家墓にするのが難しいこともあります。埋葬法やお寺とのつき合いなどの問題も出てくるため、まずはそれぞれのお寺に相談してみましょう。

Q お墓が遠方にあるため、年に1回程度しかお参りできません。ここ数年は墓石の傷みや汚れが気になります。また、石に小さなひび割れもあり、地震のときにくずれないかと心配です。古い墓石は建てなおさないといけないでしょうか？　（男性52歳）

A 屋外にあるお墓は風雨にさらされるため、年月とともに、墓石に汚れや破損が発生します。とくにひび割れなどを放置すると、その部分から水がしみ込み、耐震性が弱まっていくため、早めに対処することが大切です。

墓石やお墓の付属品について気になることがあったら、墓石を発注した石材店に相談してみましょう。墓石のちょっとしたひび割れやずれなどは、補修工事が可能です。気になる汚れは、専用機材などを使ってとり除くほか、墓石を磨きなおしたり削りなおしたりすることできれいにすることもできます。また、地震への備えとして、墓石の免震性を高める工事も可能です。ただし、墓石が大きく傾いている場合などは、基礎工事からやり直しが必要なこともあります。

石材店などのなかには、お墓の掃除や植木の手入れを代行してくれるところもあります。家族がなかなかお墓参りに行けない場合、こうしたサービスを利用することも考えてみましょう。

●お墓のメンテナンスの費用例

目地補修
（寸法によって費用が異なる）
石碑　2万5000円＋税〜
外柵　2万7000円＋税〜

墓石クリーニング
（寸法、広さによって費用が異なる）
和型・洋型　5万円＋税〜

花立交換（ステンレス製に）
1万5000円＋税〜

（メモリアルアートの大野屋の場合）

第4章

墓じまいと改葬のしかた

改葬と墓じまい

●改葬とは遺骨を別のお墓に移すこと

すでに埋葬されている遺骨を別のお墓に埋葬しなおすことを「**改**《かい》**葬**《そう》」と言います。改葬の理由はさまざまですが、主なものとして2つのパターンが考えられます。1つめが、承継者がお墓から離れたところに住んでいる場合などに、お参りしやすい場所へお墓を移すもの。2つめが、承継者がいない場合や子どもに負担をかけたくない場合などに、遺骨を永代供養墓に移し、累代墓をなくしてしまうものです。

改葬には、お墓のある市区町村で改葬の許可を得る必要があります。そして、改葬許可を申請するためには、次の埋葬先を決めておかなければなりません。また、累代墓の場合、親族の了承を得ておかないと、トラブルに発展することも少なくありません。改葬する際は、必要な手続きやそれにかかる時間や費用などを調べ、そのうえで周囲との話し合いや具体的な準備を進めていきましょう。

●墓じまいは改葬の手順の1つ

改葬する場合、遺骨をとり出したあとのお墓は更地に戻すことになります。ここ数年、よく耳にするようになった「**墓じまい**」という言葉は、本来、「元のお墓から墓石などを撤去し、更地にもどすこと」を指すものです。つまり、墓じまいとは、改葬に必要な手順の1つ。「お墓をなくして先祖の供養をやめてしまう」などの意味はありません。

承継している（承継する予定も含む）お墓をどうしたい？

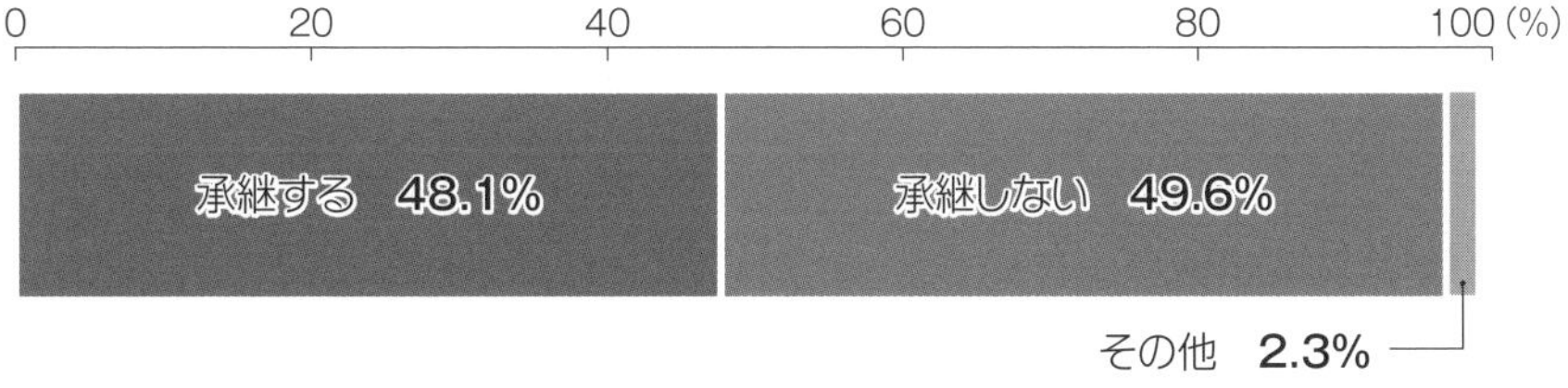

全国石製品協同組合アンケート（2014年3月）より

改葬の件数の推移

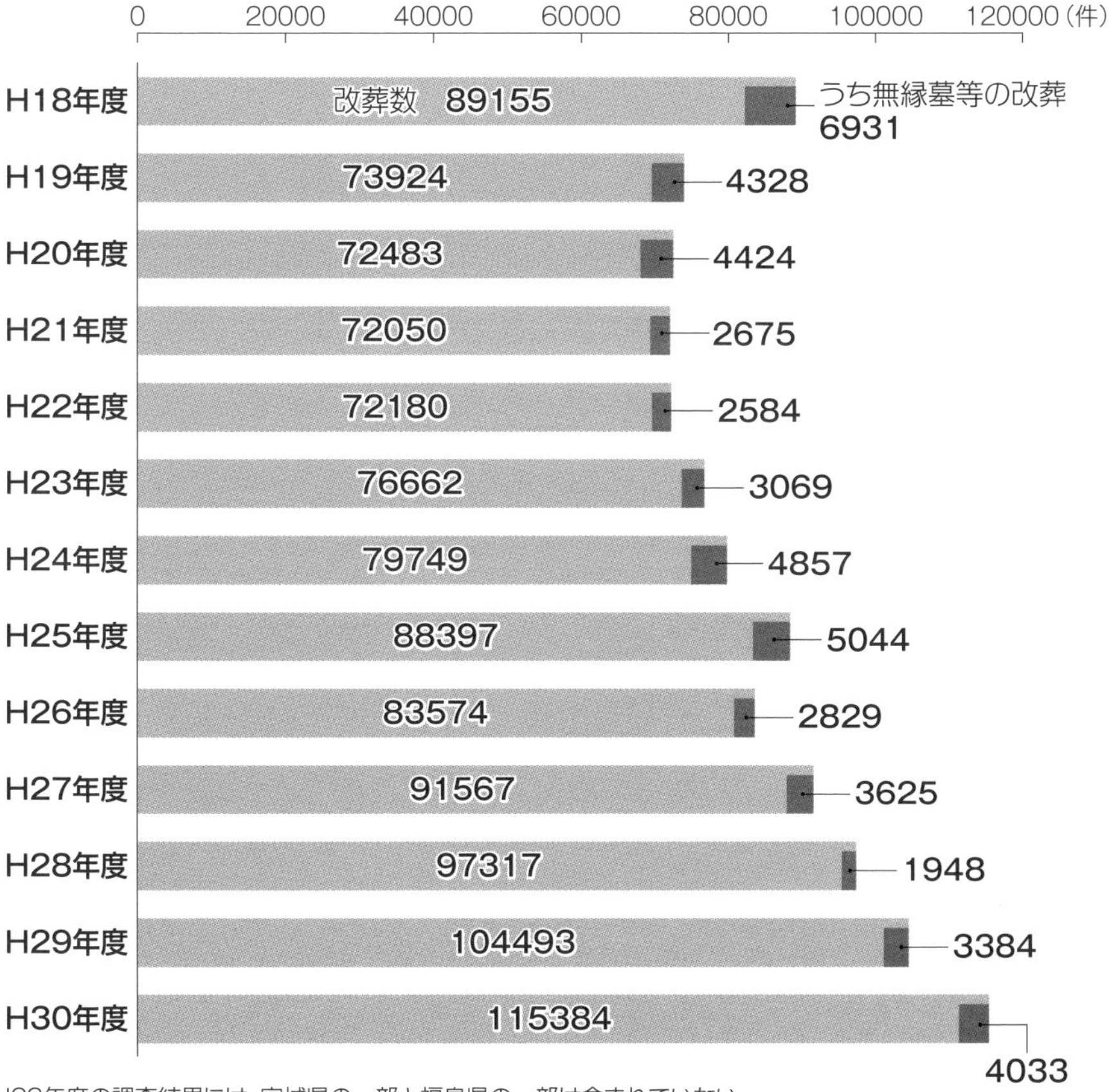

※H22年度の調査結果には、宮城県の一部と福島県の一部は含まれていない

厚生労働省「衛生行政報告例」（平成18年度〜30年度）より

改葬の流れ

新しいお墓を探すことからスタート

改葬は、新しいお墓を探すことから始まります。お墓の場所や供養のしかた、かけられる費用などの条件を整理し、親族ともよく話し合ったうえで改葬先を決めましょう。改葬先が決まったら、必要な書類をそろえて市区町村役場に提出し、「**改葬許可証**《かいそうきょかしょう》」を発行してもらいます。改葬許可証は、今のお墓から遺骨をとり出す際に、墓地の管理者に提示します。

今のお墓から新しいお墓へ遺骨を移す

新しいお墓の準備が整ったら、今のお墓の墓前で「**閉眼供養**《へいがんくよう》」を行って遺骨をとり出します。そして、遺骨を新しいお墓まで運び、「**開眼供養**《かいげんくよう》」を行ったうえで納骨します。新しいお墓に遺骨を納める際には、「改葬許可証」などの提出が求められます。

遺骨の移動手段は、新しいお墓までの距離や遺骨の数などによって考えます。自分で持ち運ぶ場合、電車やバス、タクシー、飛行機などへの持ち込みは原則として可能です。ただし、飛行機の場合は搭乗後の置き場などが指定されることもあるので、事前に確認しておくとよいでしょう。遺骨の数が多い場合は、専門の運送業者に依頼を。このほか、郵便局が扱う宅配便に限り、配送も可能です。破損を防ぐため、遺骨を骨壺から納骨袋に移し替え、きちんと梱包しましょう。発送前に、送り先の墓地やお寺に受け取りが可能かどうか確認しておくことも必要です。

改葬についてのアンケート

●お墓の移転を考えた理由（複数回答）

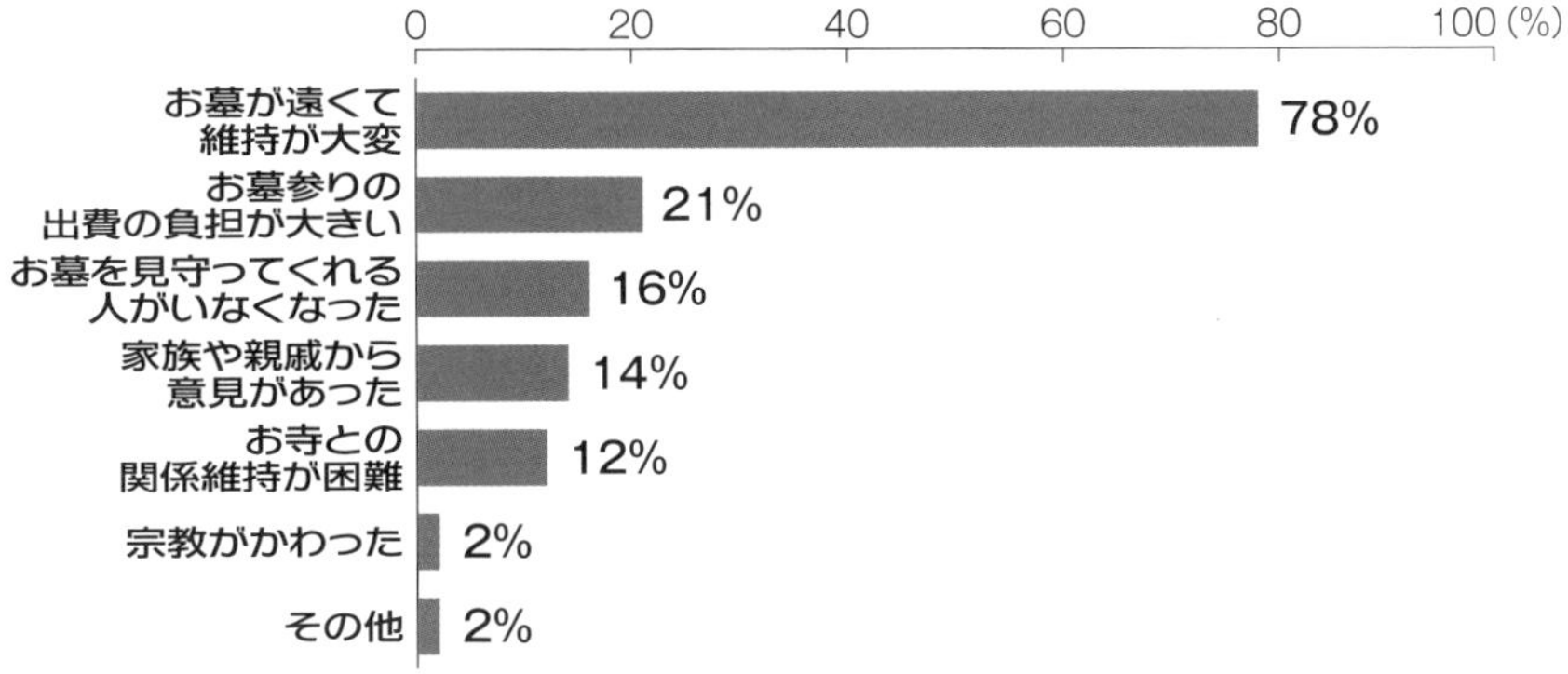

●お墓の移転にあたって心配したこと（複数回答）

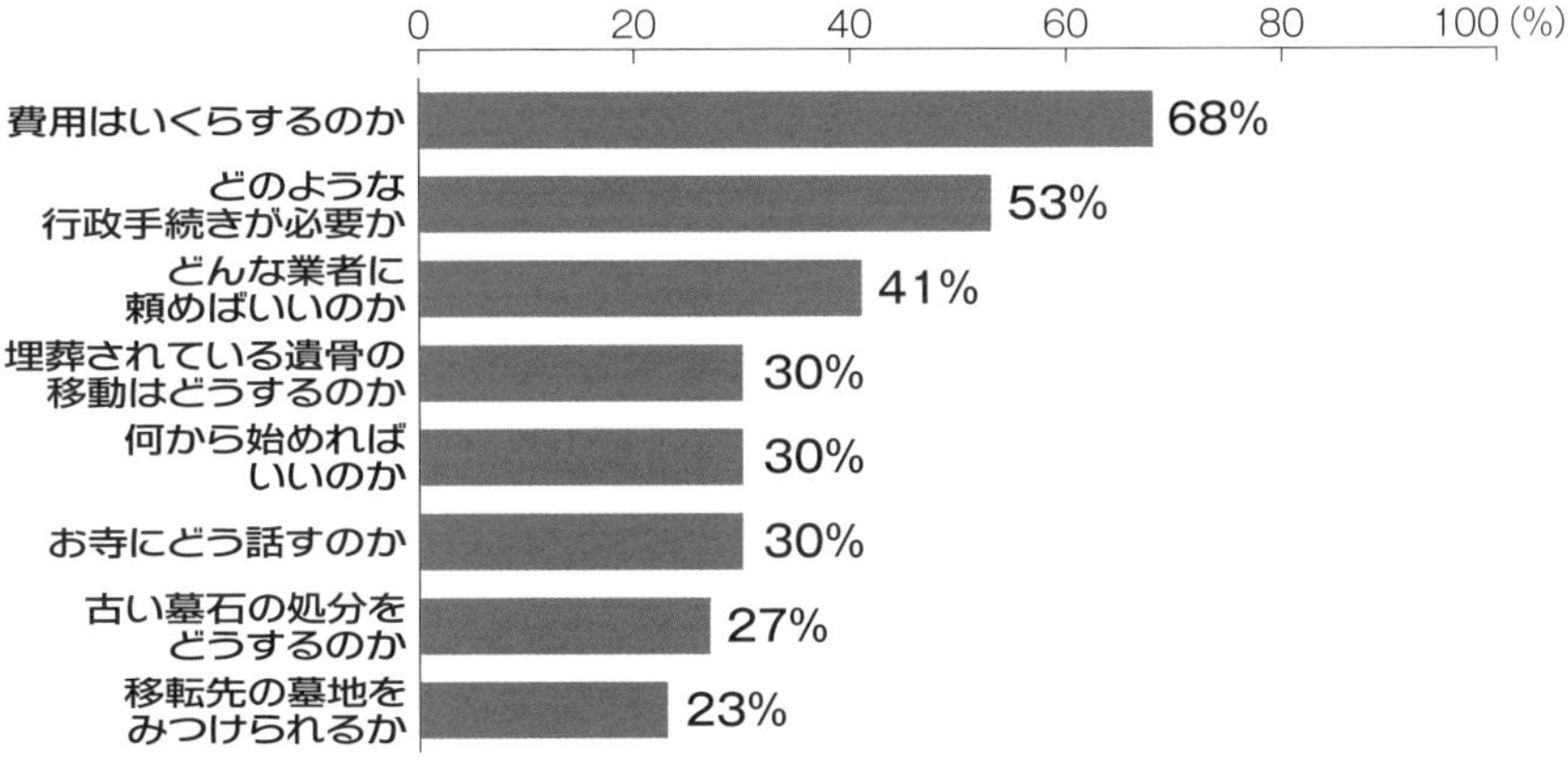

●移転を考えはじめてから完了するまでの期間

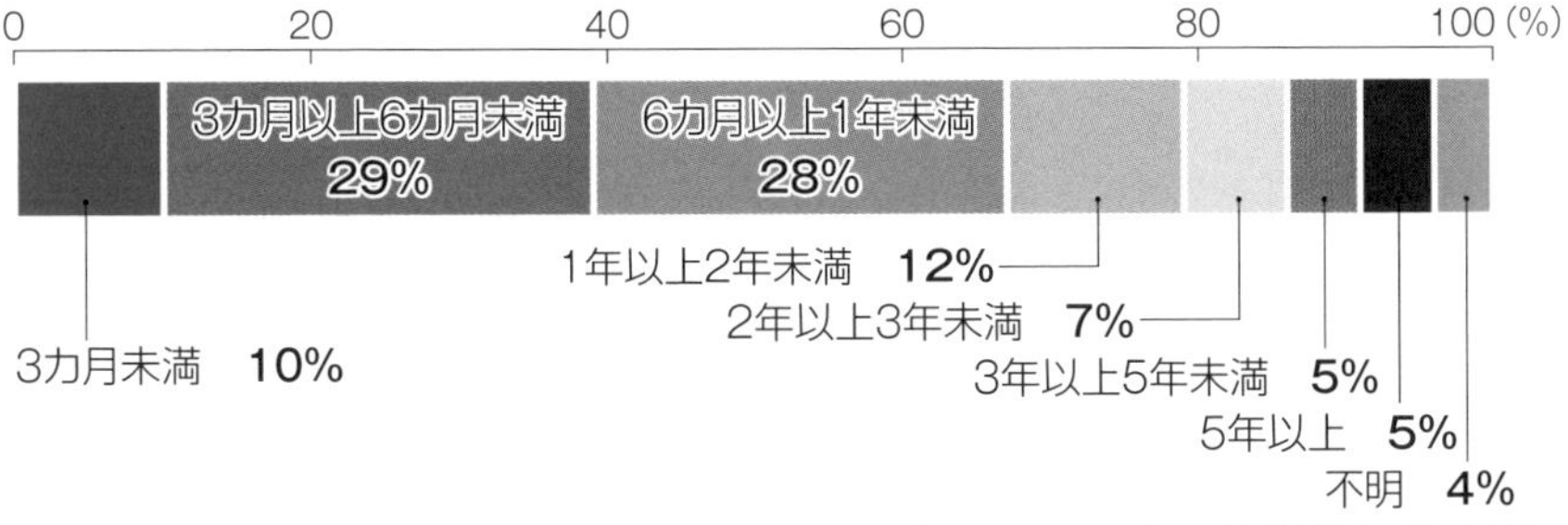

「メモリアルアートの大野屋」調べ（2014年）

墓じまい

親族との話し合いをしっかりと

累代墓には親族の思いも込められている

改葬をスムーズに進めるために欠かせないのが、親族の同意を得ておくことです。先祖代々の遺骨が祀られている累代墓の場合、お墓に縁を感じている親族がたくさんいるはずです。累代墓の管理は承継者の役割ですが、だからといって勝手に改葬を決めてしまうのは避けたほうがよいでしょう。

たとえば、お墓の近くに住んでいる親族にとっては、その場所からお墓がなくなるのを受け入れにくいこともあるはず。また、改葬そのものをよく思わなかったり、改葬後の供養のしかたに賛成できなかったりする人もいるでしょう。お墓への思いは人それぞれです。親族の気持ちや立場にも配慮し、十分に話し合ったうえで改葬の準備にとりかかるのが理想です。

「報告」ではなく「相談」するつもりで話し合う

親族と話し合う際に注意したいのが、先に決めてしまったことを「報告する」形にしないことです。承継者として、ある程度の希望や条件がかたまっている場合も、まずは「相談する」というスタイルで臨みましょう。なぜ改葬したいのか、改葬先はどこにするのか、新しいお墓ではどのように供養するのかなど、具体的に話し合うことが大切です。実際には、すべてにおいて同意を得るのは難しいかもしれません。でも、その後の関係にしこりを残さないためにも、早い段階で、ていねいな事情説明を心がけましょう。

改葬について親族と話し合っておきたいこと

改葬の理由

お墓参りがしにくい、承継者がいないなど、具体的に。近くに住み、お墓の維持・管理に手を貸してくれたような親族には、とくにていねいに説明を

改葬先

遠方に住む承継者の家の近くに改葬する場合は、今のお墓の近くに住む親族に理解を求めることが大切

改葬先の墓地の種類

公営墓地、民営の公園墓地、寺院墓地など、墓地の種類を考える。改葬先として寺院墓地を選ぶ場合、原則としてそのお寺の檀家になる必要がある

改葬先での供養のしかた

永代供養墓に改葬する場合や、納骨堂や共同墓など、今のお墓とは異なる埋葬法を考えている場合は、親族にも伝えて意見を聞く

だれの遺骨を改葬するか

今のお墓から、すべての遺骨を移すのか、一部だけを移すのかを決める。一部を移す場合、今のお墓も維持・管理していく必要がある

お寺への改葬の相談は早めに

お墓を移すとは檀家をやめるということ

改葬を決めたら墓地の管理者に申し出ますが、今のお墓が寺院墓地にある場合は、伝える時期や伝え方に十分な配慮が必要です。寺院墓地の場合、原則として、墓地の使用者は「**檀家**《だんか》」です。お墓を移すということは、檀家をやめるということ。つまり、お墓の管理費が入らなくなるだけではなく、お寺を経済的に支える人が減ることを意味します。お寺にとって望ましいこととはいえないので、改葬することを事務的に伝えるようなやり方は避けましょう。

遠方で訪問が難しい場合などを除き、できれば早い段階でお寺に出向くのが理想です。これまでの手厚い供養に対してお礼を述べたうえで、改葬したい理由や希望する時期などを伝え、お寺側にもきちんと納得してもらいましょう。

本来「離檀料」というものはない

寺院墓地からお墓を移す際に「**離檀料**《りだんりょう》」が必要といわれることがありますが、本来、「離檀料」というものはありません。改葬にあたってお布施を包む習慣はありますが、それは檀家側のお礼の気持ちであり、お寺から請求されるものではないのです。

お布施を包む場合は、おつき合いの年月にもよりますが、法要1～3回分が金額のめやす、といわれています。法的に必要なお金ではなく、先祖代々の供養でお世話になった感謝の気持ちを伝えるためのお金と考えてよいでしょう。

お寺のとのトラブルを避けるために

改葬の相談は早めに 改葬を決めたら、できるだけ早い段階で伝える	**事務的な対応を避ける** 一方的に改葬の希望日を伝えるのではなく、改葬について「相談する」という姿勢で
これまでの供養に対する感謝を伝える 寺院墓地の特徴の1つが、手厚く供養してもらえること。まずは、これまでお世話になったことへの感謝を伝える	**改葬の理由などを具体的に伝える** 「自宅の近くに移してこまめにお参りしたい」「承継者がいなくなることに備える必要がある」など、改葬の理由をきちんと伝える

お布施の額は相談を

改葬にあたっては、これまで先祖代々の供養でお世話になったお礼としてお布施を包む場合、金額は、これまでのおつき合いによって異なる

一般的には、法要1～3回分程度がめやすと言われている

離檀について

お礼としてお布施を包むことはあっても、檀家をやめるための特別な費用(離檀料)はない

❗万一、法外な費用を請求されたり、遺骨の取り出しに必要な書類を発行してくれない、などのトラブルになった場合は、専門家など第3者に間に入ってもらうとよい

改葬のポイント1

改葬には4つの方法がある

今のお墓から新しいお墓へ遺骨を移す改葬には、いくつかの方法があります。どの方法を選ぶかによって、新しいお墓を探す際の条件などが違ってきます。

改葬の方法として一般的なのが、遺骨だけを移動するもの。複数の遺骨が納められている場合、すべてを改葬するのか、一部だけを改葬するのかも考える必要があります。また、骨壺から遺骨の一部をとり出して改葬することもあります。このほか、遺骨に加えて墓石などもすべて新しいお墓へ移す方法もあります。

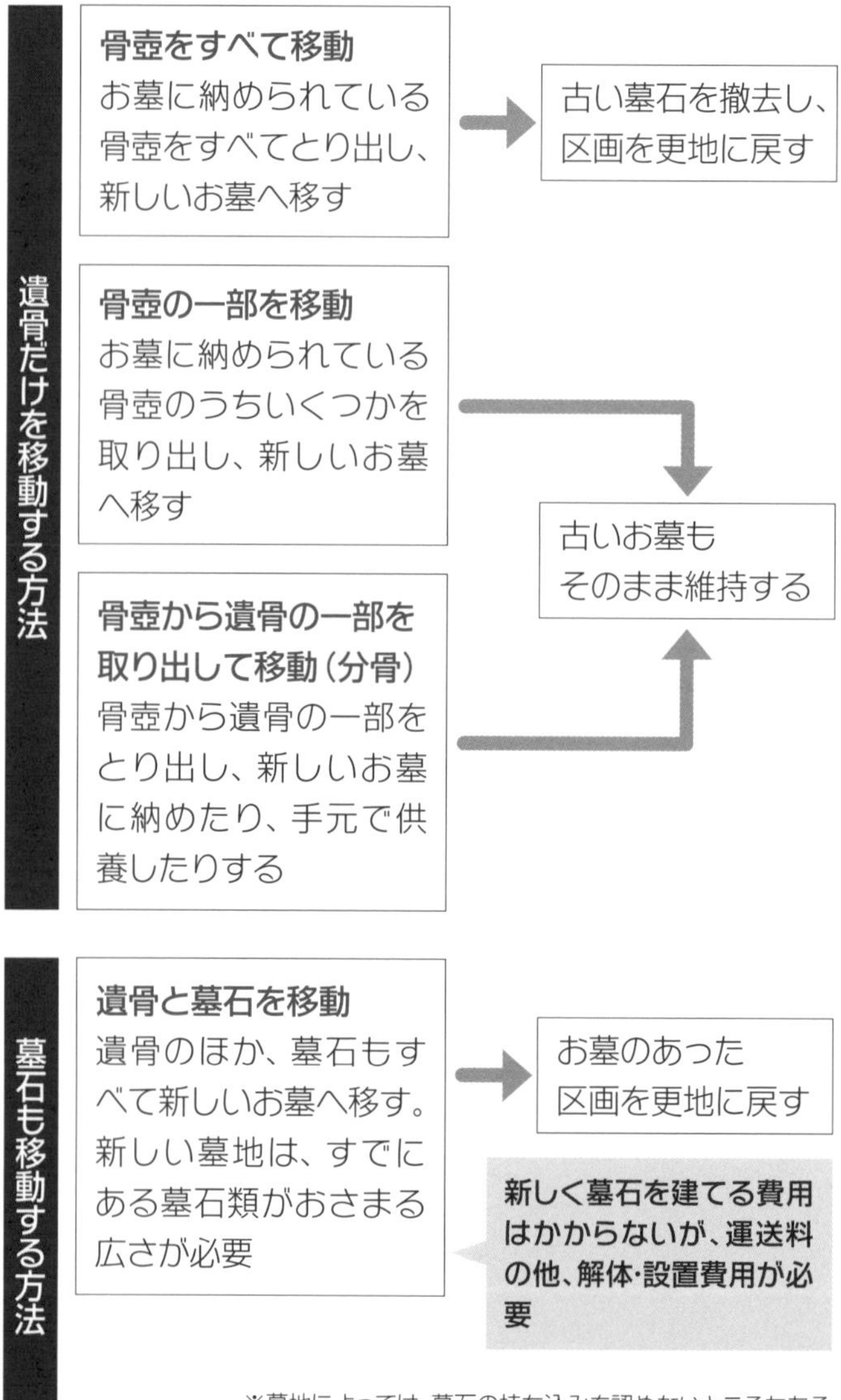
遺骨だけを移動する方法
骨壺をすべて移動
お墓に納められている骨壺をすべてとり出し、新しいお墓へ移す
古い墓石を撤去し、区画を更地に戻す
骨壺の一部を移動
お墓に納められている骨壺のうちいくつかを取り出し、新しいお墓へ移す
古いお墓もそのまま維持する
骨壺から遺骨の一部を取り出して移動（分骨）
骨壺から遺骨の一部をとり出し、新しいお墓に納めたり、手元で供養したりする
墓石も移動する方法
遺骨と墓石を移動
遺骨のほか、墓石もすべて新しいお墓へ移す。新しい墓地は、すでにある墓石類がおさまる広さが必要
お墓のあった区画を更地に戻す
新しく墓石を建てる費用はかからないが、運送料の他、解体・設置費用が必要

※墓地によっては、墓石の持ち込みを認めないところもある

改葬のポイント2

改葬後の供養のしかたを考える

日本の伝統的なお墓は、墓石を建てて先祖代々の遺骨を祀るものですが、最近ではお墓のスタイルもさまざま。改葬の際の選択肢も広がっています。

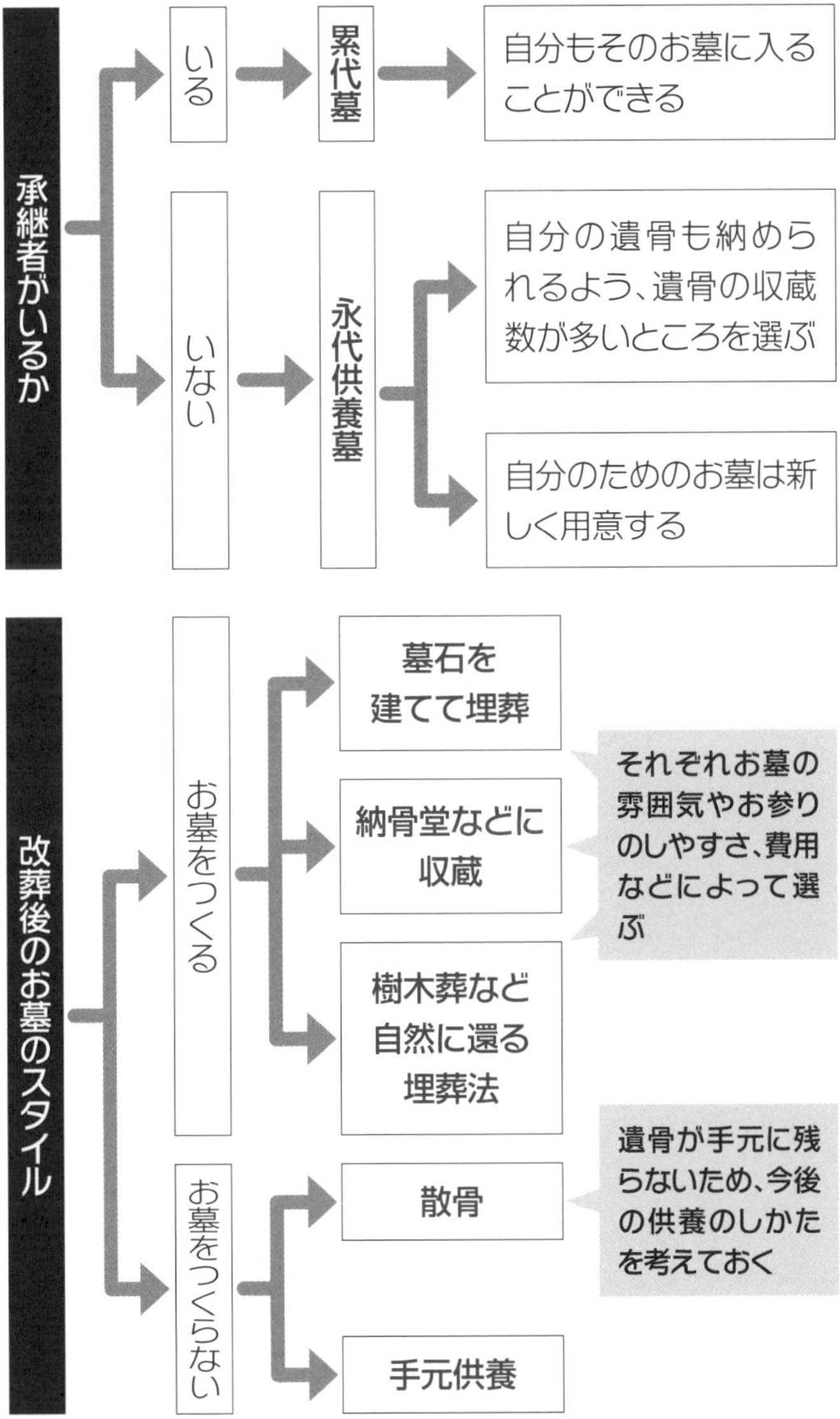
承継者がいるか
いる
累代墓
自分もそのお墓に入ることができる
いない
永代供養墓
自分の遺骨も納められるよう、遺骨の収蔵数が多いところを選ぶ
自分のためのお墓は新しく用意する
改葬後のお墓のスタイル
お墓をつくる
墓石を建てて埋葬
納骨堂などに収蔵
樹木葬など自然に還る埋葬法
それぞれお墓の雰囲気やお参りのしやすさ、費用などによって選ぶ
お墓をつくらない
散骨
手元供養
遺骨が手元に残らないため、今後の供養のしかたを考えておく

改葬の際、第一に考えなければならないのが、承継者の有無。累代墓を新しく取得する場合、承継者がいることが条件となります。次に、お墓のスタイルを決めます。

墓石を建てるもののほか、納骨堂や樹木葬なども選択肢の1つです。改葬の際は、自分の埋葬法まで含めて新しいお墓選びをする必要があります。

改葬のポイント3

改葬先を決める

改葬先を決める際は、希望する供養のしかた（157ページ参照）が可能なことに加え、地理的な位置や宗教とのかかわり、必要な費用なども考える必要があります。

改葬先となる新しいお墓をどこにつくるかについては、親族とも十分に話し合いを。維持・管理の点では承継者が住む場所の近くが便利ですが、累代墓の場合は、ほかの親族のお参りのしやすさにも配慮が求められます。また、改葬先に寺院墓地を選ぶと、檀家としてさまざまなおつき合いも必要になります。

●地理的な位置

承継者による 維持・管理のしやすさ	親族のお参りの しやすさ

あわせて考えておきたいこと
交通の便、周囲の環境（急な坂道や長い階段等の有無）、設備、サービス、駐車場の有無　など

●墓地の種類

公営墓地 宗教・宗派を問わずに利用できるが、募集期間が限られており、応募資格を満たすことが必要
民営の公園墓地 宗教・宗派を問わずに利用できる
寺院墓地 宗教・宗派が限られているが、手厚い供養が可能。檀家としてのおつき合いが必要

●その他

費用 墓地の使用料、墓石建立費、古いお墓を更地に戻す費用などを含めて、予算を見積もっておく	**区画の条件** 墓石移設を希望する場合、広さや工事規定を確認する必要がある

改葬のポイント4

改葬の手続き①

改葬には、市区町村役場の許可が必要です。効率よく進めるためには、用意する書類の種類や提出先を把握し、タイミングを考えて準備を進めることが大切です。

遺骨の改葬先が決まったら、新しい墓地の管理者に「**墓地使用許可証（受入証明書）**」などを発行してもらいます。次に、元のお墓がある市区町村から「**改葬許可申請書**」をとり寄せ、元の墓地の管理者に署名・捺印を依頼します。

新しい墓地の管理者

墓地使用許可証（永代使用許可証）を発行してもらう

※上記の書類に加え、「受け入れ証明書」が発行されることもある

↓

元のお墓がある市区町村役場

改葬許可申請書をとり寄せる

➡市区町村役場のほか、市区町村のホームページからダウンロードできることも多い

注意！ **遺骨1体につき1枚必要。**

↓

改葬許可申請書に必要事項を記入

おもな記入事項

- 故人の名前
- 故人の住所・本籍地
- 死亡年月日
- 火葬の場所と年月日
- 改葬の理由
- 改葬先　など

↓

元の墓地の管理者

改葬許可申請書を提出する

➡所定の位置に署名・捺印してもらう

↓

改葬許可申請書とは別に、
埋葬（埋蔵）証明書を発行する墓地もある

↓

（次ページに続く）

改葬の手続き②

お墓から遺骨をとり出す際には新しい受け入れ先があることを、また、改葬先に遺骨を納めるためには、その遺骨がだれのものなのかを証明する書類が必要です。

改葬許可申請書に、新しい墓地の「**墓地使用許可証（受入証明書）**」などを添えて元の墓地がある市区町村役場に提出すると、「**改葬許可証**」が発行されます。「改葬許可証」は遺骨をとり出す際に元の墓地の管理者に提示します。そして、新しいお墓に遺骨を納める際、「墓地使用許可証」などとともに墓地の管理者に提出します。

↓ （前ページより続く）

元のお墓がある市区町村役場

改葬許可申請書を提出
➡移転先の墓地使用許可証（永代使用許可証）、受け入れ証明書などを添える

故人や申請者の戸籍謄本などが必要な場合もあるので、事前に市区町村役場に確認を

↓

改葬許可証が発行される

↓

元の墓地の管理者

改葬許可証を提示する

↓

遺骨をとり出す

↓

新しい墓地の管理者

改葬許可証、**墓地使用許可証（永代使用許可証）**などを提出する

↓

遺骨を納める

改葬のポイント6

分骨を希望するとき

改葬の方法の1つに、古いお墓を残したまま、遺骨の一部だけをとり出して新しいお墓に納める「分骨」があります。分骨には市区町村の許可は不要です。

埋葬されている遺骨の分骨を希望する場合、元の墓地の管理者にその旨を伝え、「**分骨証明書**」を発行してもらいます。分骨の場合、元の墓地から遺骨をとり出す際、市区町村が発行する「改葬許可証」は必要ありません。新しい墓地では、「分骨証明書」を提出すれば納骨することができます。

元の墓地の管理者　分骨の希望を伝える

↓

分骨証明書を発行してもらう

↓

元のお墓から遺骨の一部をとり出す

↓

新しい墓地の管理者　**分骨証明書**を提出する
➡**墓地使用許可証（永代使用許可証）**
などの提出が必要な場合もある

↓

新しいお墓に遺骨を納める

改葬のポイント7

閉眼供養と開眼供養

改葬の際は古いお墓と新しいお墓で、それぞれ供養を行います。これらの供養によって墓石に魂が宿ったり、反対に魂が抜けて石に戻ったりすると考えられています。

元のお墓では、遺骨をとり出す前に、墓石に宿る仏の魂を抜く「**閉眼供養《へいがんくよう》**」を行います。そして、新しいお墓では納骨前に、墓石に仏の魂を入れる「**開眼供養《かいげんくよう》**」を行います。

これらの法要を行うかどうかは、遺族の考え方次第です。ただし、寺院墓地ではしきたりとして行われることが多いようです。

元のお墓

閉眼供養

墓前で僧侶による読経、焼香などを行う。

➡仏の魂が宿っていた墓石が、ただの石に戻る

※家族など、身内だけですませることが多い

閉眼供養、性根抜き、御魂抜きなどともいう

↓

遺骨をとり出す

↓

新しいお墓

開眼供養

墓前で僧侶による読経、焼香などを行い、墓石に巻いておいた白い布をとり除く

➡ただの石だった墓石に仏の魂が宿る

※納骨式と合わせて、親族にも集まってもらって行うことが多い

開眼供養、性根入れ、御魂入れなどともいう

↓

遺骨を納める

改葬にかかる費用

改葬のための費用は、改葬の方法（156ページ参照）や新しいお墓の種類などによって異なります。必要な項目を確認し、早めに見積もりを依頼しておきましょう。

改葬する際、必ず必要なのが新しい墓地の使用料です。墓石を建てるタイプのお墓なら、墓石の建立費用もかかります。また、墓じまい（148ページ～参照）をする場合は、墓石を撤去し、更地に戻す工事も行わなければなりません。閉眼法要や開眼法要のためのお布施なども考えておく必要があります。

新しいお墓のための費用

・新しい墓地の使用料
・墓石の購入、加工、設置料金
・墓石の運搬費
（元の墓地の墓石を新しい墓地へ運ぶ場合）

＋

墓じまいのための費用

・墓石を撤去し、更地に戻すための工事費

＋

法要に関する費用

・宗教者へのお礼（お布施）
➡お布施とは別に御車料、交通費などが必要なこともある
・遺骨の取り出しや納骨にかかわる石材店など、業者への費用

霊園で行う場合、お布施は3万～5万円程度が一般的。寺院墓地の場合は事前に確認を

＋

事務手数料など

・各種書類の発行に伴う手数料

●改葬にかかる費用（全国平均）

新しいお墓の費用 約218万円 ＋ 墓じまいの費用 約52万円 ＋ その他諸費用 30万円

＝

合計　約300万円

メモリアルアートの大野屋調べ／2014年

改葬について知りたいこと

Q 私が継いだ累代墓は古いもので、土葬された遺骨があるようです。土葬の場合、どのように改葬すればよいのでしょうか？

（男性55歳）

A 土葬は法律で禁止されているわけではありませんが、条例で禁止している自治体もあり、さらに、土葬を受け入れないルールを設けている墓地がほとんどです。そのため、土葬の遺骨は、改葬前に火葬する必要があります。

土葬の遺骨の場合も、一般的な改葬と同様に、市区町村役場に「**改葬許可証**」を申請します（159～160ページ参照）。その際、遺骨が土葬であることなどを伝え、「**火葬許可証**」も同時に発行してもらいましょう。

土葬の改葬は、専門業者に依頼するのが一般的です。費用のめやすは、一体につき8～10万円程度（埋葬後10年以内の遺骨の掘り出し費用／メモリアルアートの大野屋の場合）ですが、遺骨の数やお墓の場所などによっても異なります。

また、古い遺骨の場合、骨がすべて土に還ってしまっていることもあります。その場合は、少量の土を骨壺に入れ、遺骨のかわりに新しいお墓に納めるなどの方法があります。

Q　両親のお墓の改葬を考えています。今のお墓は私が買ったものですが、まだ10年ほどしか使用していません。解約すれば、購入時に支払った料金の一部は戻ってくるのでしょうか？

（男性60代）

A　「お墓を買う」とは、土地の所有権を買いとることではなく、墓地の「永代使用権」を取得することを意味します。永代使用権とは、「そのスペースをお墓として永久に使用する権利」のことです。この権利は、契約者の死後も「**祭祀《さいし》財産《ざいさん》**」として遺族などが承継することができますが、承継者以外の人に譲ったり、個人的に売買したりすることはできません（104ページ参照）。

永代使用を前提としている墓地の場合、契約の条件に「承継者がいること」が含まれていることがほとんどです。原則として、数年単位など短い期間だけの使用を前提として契約することは想定されていないのです。また、永代使用権は承継者がいる限り認められるため、管理費のように「1年につきいくら」という形で料金が設定されているわけではありません。そのため、使用期間に応じて料金を算定し、残金を返金する、という考え方を当てはめることもできないのです。

別の墓地に改葬する場合は、今の墓地の契約を解除し、永代使用権を管理者に返還することになります。その場合、墓地の購入費用は返却されないことがほとんどです。さらに、墓地を返還する場合は墓石などをすべて撤去し、更地にする必要があるため、契約者の側にはそのための費用も必要になります。解約時のルールは、墓地の「使用規則」などで定められているので、まずは手元の書類を確認したうえで、墓地の管理者に相談してみましょう。

Q 同じ墓地に、身内の個人墓が複数建っています。先祖代々の墓として1つにまとめたいのですが、どのような手続きが必要ですか？

（男性50代）

A 同じ墓域内での遺骨の移動は、法律的には「改葬」にあたりません。そのため、遺骨を別のお墓に移す場合も市区町村が発行する「改葬許可証」は必要ありません。墓石や遺骨の移動に関して墓地の管理者の許可を得られれば、お墓をまとめることは可能です。まずは、墓石や墓誌を用意し、新しいお墓の準備を整えます。次に、古いお墓それぞれの閉眼供養を行い、遺骨をとり出します。最後に、新しいお墓の開眼供養を行ってから、遺骨を納めましょう。

Q 生前、父は散骨を希望していたのですが、親族の反対もあり、遺骨はすべて埋葬しました。でも、最近になって親族の理解が得られたため、できれば今からでも父の希望をかなえたいと思っています。すでにお墓に納めてしまった遺骨をとり出し、散骨することは可能でしょうか？

（女性50代）

A お墓から遺骨をとり出して散骨（138ページ参照）する場合、法律的には改葬にあたらないため、原則として、市区町村が発行する「改葬許可証」は必要ありません。遺骨の一部をとり出す場合も、墓地が発行する「分骨証明書」は不要です。ただし、散骨のために遺骨をすべてとり出す際の対応は自治体によって異なり、散骨であっても「改葬許可証」が必要とされる場合もあります。

また、散骨は専門業者に依頼して行うのが一般的ですが、多くの場合、契約の際に「改葬許可証」や墓地が発行する「埋葬（埋蔵）証明書」など、散骨する遺骨を証明できる書類の提出を求められます。まずはお墓のある市区町村役場や墓地の管理者、散骨を依頼する業者などに問い合わせ、必要な手続きについて確認しましょう。

Q　累代墓の改葬を予定しており、できれば今のお墓で使っている墓石類を新しいお墓でもそのまま使いたいと思っています。新しい墓地を探す際などに注意することはありますか？（男性50代）

A　改葬の方法にはいくつかの方法があり（156ページ参照）、遺骨に加えて墓石類も新しいお墓へ移動することがあります。墓石の移動を希望する場合、墓石に思い入れがある、費用を節約したい、などの理由が多いようですが、費用の面については、事前に十分な確認が必要です。

古い墓石を使えば、新しい墓石の購入・加工費用はかかりません。でもそのかわりに、墓石の運搬費用がかかります。墓石のサイズや移動距離による違いはありますが、数万～数十万円かかることが多いようです。また、墓石や墓誌などはそのまま利用することもできますが、お墓を囲む外柵は区画の広さや形にあわせる必要があるため、新しくつくらなければなりません。

また、古い墓石をそのまま利用するなら、新しい墓地を選ぶ段階で区画の広さも考慮する必要があります。持ち込む墓石が大きいと、それだけ広い区画を選ばなければならないため、取得費用もその分高額になります。さらに、墓地のなかには、古い墓石の持ち込みを認めないところもあります。持ち込める場合も、「棹石（家名などを彫った部分）のみ」などの条件があることが多いため、墓地の選択肢も狭まります。

墓石ごと移動する改葬は、遺骨だけを移動する場合にくらべて制約が多くなります。時間と労力、費用とのバランスを考えて、改葬の方法を検討するとよいでしょう。

Q 夫は累代墓を受け継いでいますが、私たち夫婦には子どもがなく、私たちの死後、墓の承継者となる身内もいません。お墓を無縁墓にしないために、できることはありますか？

（女性50代）

A お墓の承継者がいなくなって管理費が支払われなくなると、一定の手続きを踏んだあと、無縁墓《むえんばか》（143ページ参照）とみなされ、お墓が処分されてしまう可能性があります。自分たちからお墓を受け継ぐ承継者がいない場合、無縁墓となるのを避けるためには2つの方法が考えられます。

1つめが、今のお墓に納められている遺骨を永代供養墓《えいたいくようばか》（106ページ参照）に改葬することです。累代墓は取得する際の条件に承継者がいることが含まれている場合がほとんどですが、永代供養墓は、承継者がいなくても契約することが可能です。お墓参りなどをする人がいなくても墓地の管理者がお墓を守り、定められた期間が過ぎると共同墓などに合葬される場合もあります（契約の更新が可能なところもある）。累代墓を永代供養墓に改葬する際に注意したいのが、各区画に埋葬・収蔵できる遺骨の数が決められていること。自分たち夫婦もそのお墓に入るのかどうか、前もって決めたうえでお墓を選ぶ必要があります。

2つめが、墓地の管理者に数十年分の管理費を先払いし、その期間の供養をお願いすること。永代供養墓と同様、その期間が過ぎたら共同墓に移して供養してもらいます。ただし、この方法は、公営墓地では認められていません。寺院墓地や民営墓地でなら可能なこともあるので、管理者に相談してみるとよいでしょう。

第5章

小さな葬儀でも大事にしたい
法要と供養

仏壇の選び方

置き場所を決めてからサイズを確認して選ぶ

家族が亡くなったことをきっかけに仏壇を購入する場合、四十九日忌をめやすに準備を整えるようにするとよいでしょう。伝統的なスタイルの仏壇には、外側は漆塗り、内側は金箔で仕上げた「**金仏壇**」と、木目を生かした「**唐木《からき》仏壇《ぶつだん》**」の2種類があります。宗派による決まりはありませんが、浄土真宗では金仏壇が主流です。このほか、洋風の部屋にもなじむデザインの「**家具調仏壇**」もあります。

また、仏壇の形は、背の高い「**床置き型**」、地袋（和室の床に接してつくられている戸棚）に納まるサイズの「**地袋型**」、棚などの上に置ける小型の「**上置き型**」に分けられます。専用の仏間がない場合は仏壇をリビングルームなど、家族全員がお参りしやすいところに置くとよい、とされています。仏壇の向きを気にする人もいますが、本来、仏教では方角に吉凶はないとされているので、あまりこだわらなくてもよいでしょう。

新しい仏壇には開眼供養が必要

新しく仏壇を買ったときは、自宅に僧侶を招き、本尊に魂を入れる「**開眼供養《かいげんくよう》**」を行います。四十九日忌の法要や納骨と同じ日に行う場合は、最初に仏壇の開眼供養を行い、その後に四十九日忌法要と納骨を行います。自宅と法要の会場が遠い場合は、仏壇の開眼供養を早めにすませることもあります。

サイズとスタイルによる仏壇の分類

●サイズによる分類

床置き型（台つき型、重ね型）	地袋型	上置き型
高さ120～180cmほど。本尊や位牌をまつる部分の下に収納スペースがある	高さ100～120cmほど。床の間の横などにある戸棚の上に納まるサイズ	高さ30～90cmほど。棚や家具などの上に無理なくおけるサイズ。仏壇を置くスペースが限られている場合に

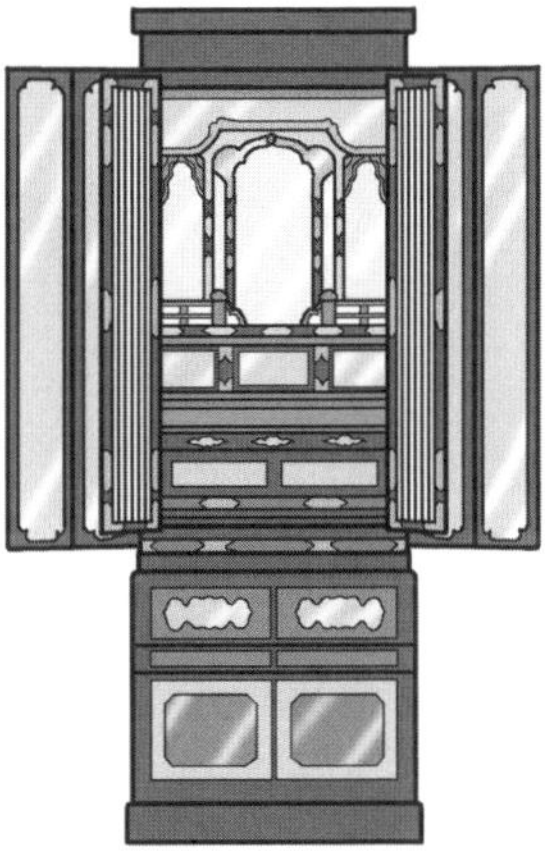

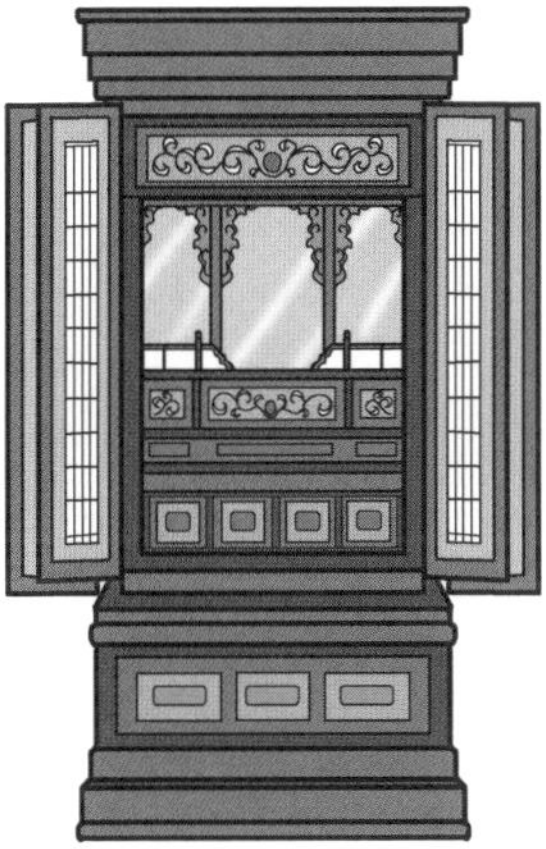

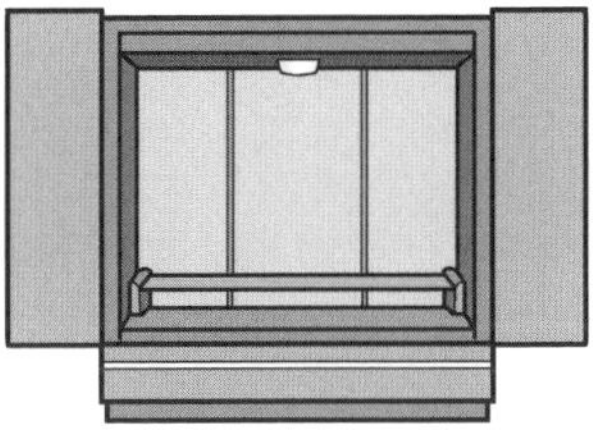

●スタイルによる分類

金仏壇	外側は漆塗り、内側は金箔で仕上げたもの
唐木仏壇	木目を生かして仕上げたもの
家具調仏壇	洋室に置いても違和感のない、シンプルなデザインのもの

仏壇選びのポイント

・扉を開いた状態も考慮し、置き場所の幅、高さ、奥行きを正確に測っておく
・置き場所のインテリアや予算に合わせて、サイズとスタイルを決める
・仏壇・仏具店の担当者におおよその予算を伝えておく

位牌の選び方

四十九日忌までに本位牌を用意する

位牌《いはい》には白木の位牌と本位牌の2種類があります。白木の位牌は、亡くなってから四十九日忌まで使う仮のもので、葬儀の際、葬儀社が用意してくれます。白木の位牌には僧侶が戒名を書き入れます。

葬儀が済んだら、四十九日忌までに本位牌を準備します。位牌の材質や大きさ、形にはさまざまなものがありますが、宗派による決まりはないので、仏壇とのバランスを考えて選ぶとよいでしょう。

位牌には、表に戒名、裏に俗名（生前の名前）と没年月日、享年（行年）を書き入れます。彫りなどの加工には2週間ほどかかることが多いので、早めに手配しましょう。仕上がった本位牌は、四十九忌日法要の際に開眼供養《かいげんくよう》を行います。白木の位牌はお寺に納め、供養してもらう場合もあります。

浄土真宗の場合は原則として位牌を用いないため、本位牌のかわりに、法名軸《ほうみょうじく》や過去帳《かこちょう》に故人の法名などを書き入れます。

位牌が増えたら繰り出し位牌にまとめても

位牌が増えて仏壇に入りきらなくなった場合は、**「繰り出し位牌」**にまとめます。繰り出し位牌は、中に複数枚の札を納められるようになっています。普段いちばん前に入れておく札には「○○家先祖代々之霊」などとし、他の札には、各故人の法名や俗名などを書き入れます。法要などの際は、その故人の札をいちばん前に出して供養します。

位牌のいろいろ

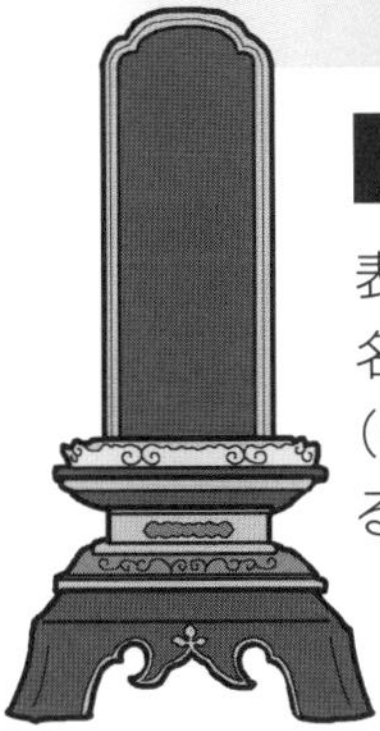

本位牌

表に戒名、裏側に俗名、没年月日、享年（行年）を彫り入れる

白木の位牌

四十九日忌まで使う仮の位牌。

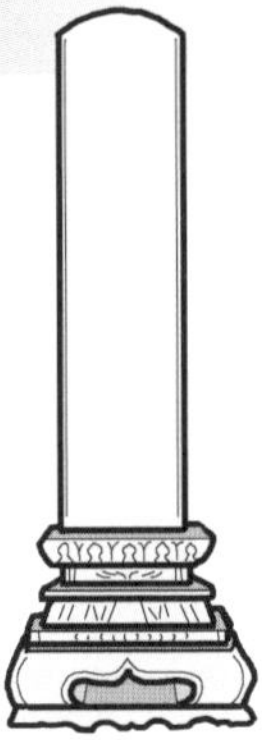

塗り位牌

漆や金粉などで装飾が施されている

唐木位牌

黒檀や紫檀などの木材を使い、木目を生かして仕上げる

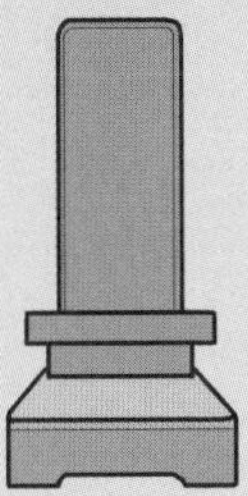

家具調位牌

家具調仏壇などに合う、シンプルなもの。色や形はさまざま

繰り出し位牌（回出位牌）

複数の位牌を1つにまとめたもの

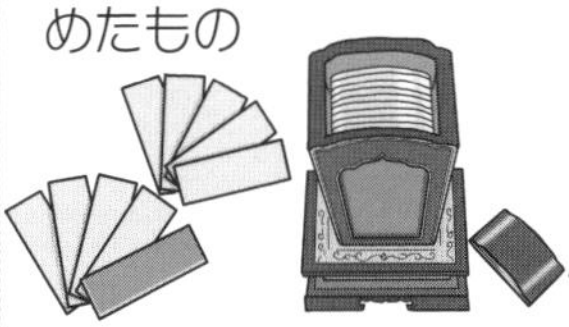

浄土真宗の場合

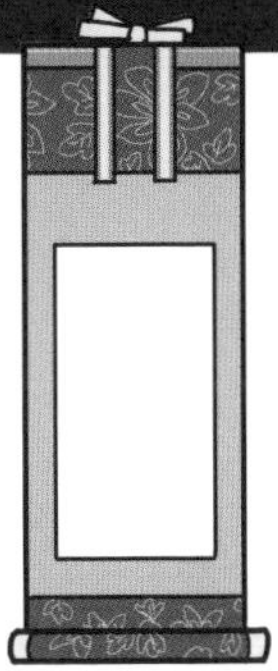

法名軸

僧侶に仏名を書き入れてもらい、仏壇内側の両側面にかける

過去帳

先祖代々の法名や俗名、没年月日、享年（行年）などを記したもの

毎日の供養のしかた

お供えを欠かさず毎日おまいりを

仏壇には、できれば朝晩の2回、線香をあげて供養しましょう。線香の本数や供え方は宗派によって異なりますが、香をたくことに、仏の慈悲を行きわたらせ、人の心身を清める、という意味が込められていることは同じです。

仏壇には、香(線香)、花、灯明《とうみょう》、浄水《じょうすい》、飲食を供えるのが基本で、これを「五供《ごく》」と言います。花は、できるだけ生花を用います。花の種類に厳密な決まりはありませんが、トゲのあるものや毒をもつもの、においが強すぎるものなどは避けたほうがよいとされています。灯明は、ろうそくの明かりのこと。供養する際、ろうそくに火をともし、そこから線香に火をつけるようにすればよいでしょう。お茶や水、飲食はごはんのこと。浄水はごはんは自分たちの食事の前に供えるようにしますが、お参りの後下げてもかまいません。このほか、くだものや菓子類など、季節のものや故人の好物などを供えてもよいでしょう。

こまめに掃除をしてきれいに保つ

日ごろのお参りのほか、仏壇をきれいに保つことも大切です。本尊や仏具などはこまめにほこりを払い、扉や壁面なども から拭きします。金仏壇の場合、かたい布でこすると傷がつくことがあるので、やわらかい布を使いましょう。飲食物を入れる器は、下げるたびにきれいに洗いましょう。

毎日のおまいりのしかた

①水、お茶、ごはんを供える
水と新しくいれたお茶、炊きたてのごはんなどを供える
宗派によっては、水やお茶は供えない

↓

②ろうそくに火をともし、線香をあげる
線香に火をうつし、香炉に供える

↓

③錀《りん》(鈴)を鳴らす
錀をたたく。たたく回数は宗派によって異なる

↓

④礼拝する
合掌して頭を下げ、礼拝する。お経をあげる

↓

⑤ろうそくの火を消す
ろうそくの火を消す
息を吹きかけない！

↓

⑥ごはんを下げる
供えたごはんを下げる

●線香のあげ方

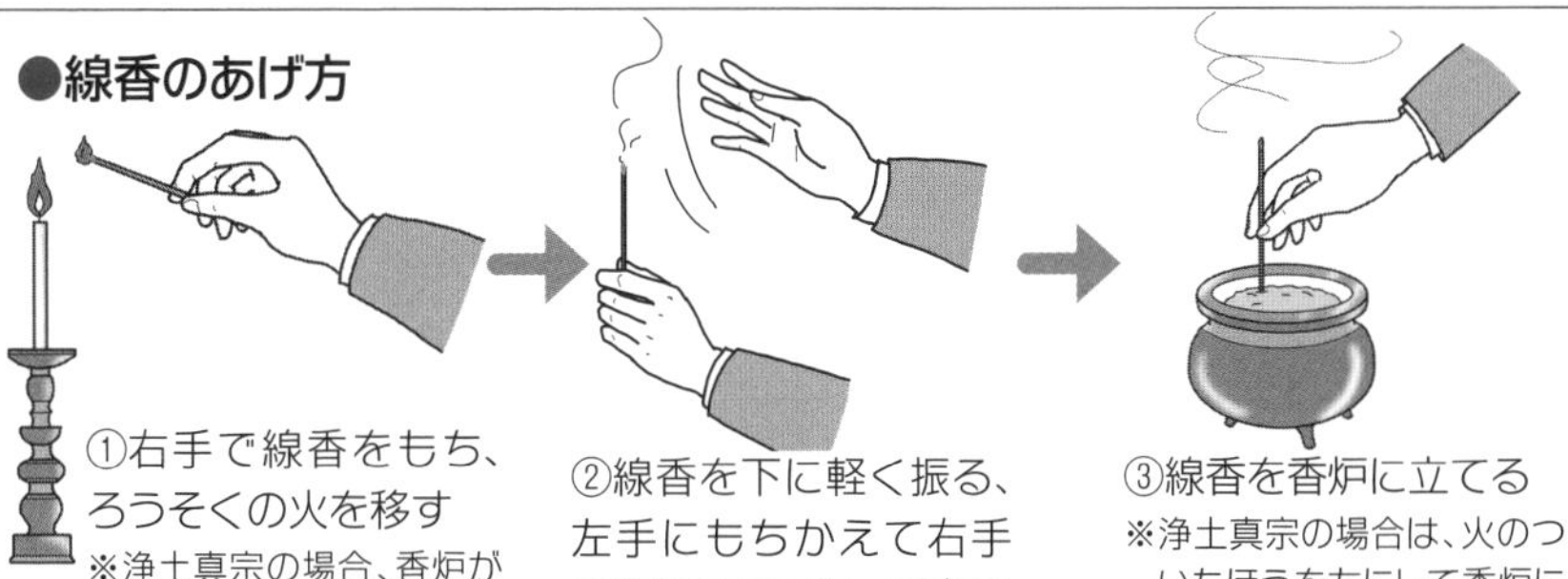

①右手で線香をもち、ろうそくの火を移す
※浄土真宗の場合、香炉が小さければ線香を折って短くしてから火をつける

②線香を下に軽く振る、左手にもちかえて右手であおぐなどして火を消す

③線香を香炉に立てる
※浄土真宗の場合は、火のついたほうを左にして香炉に寝かせる

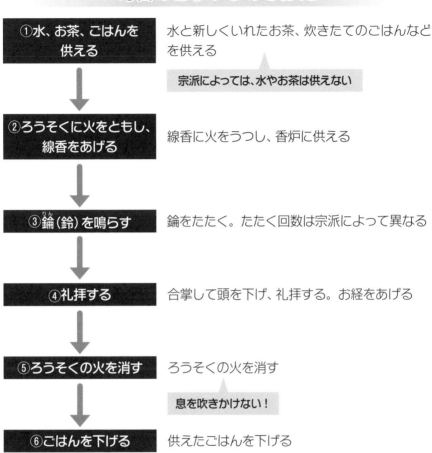

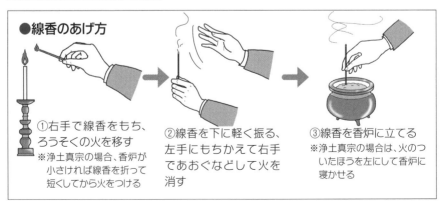

神道・キリスト教の場合

霊が宿る霊璽を御霊舎（祖霊舎）にまつる

神道の場合、仏壇にあたるのが「**御霊舎**《みたまや》**（祖霊舎）**」です。神道では故人の霊は家の守護神になるとされており、御霊舎の中には祖先の霊が宿る「**霊璽**《れいじ》」を祀ります。霊璽は位牌にあたるもので、表側に霊号（霊名）、裏側に亡くなった年月日と年齢を記します。霊璽の形はさまざまで、複数の霊をまとめられる繰り出し型もあります。

新しい御霊舎を買う場合は、亡くなってから50日めにあたる「五十日祭《ごじゅうにちさい》」までに準備するようにします。御霊舎は白木でつくられており、大きさやデザインはさまざまです。東、南、または東南に向け、神棚より低い位置に置くものとされているので、まずは置く場所を決め、スペースなどに合わせて選ぶとよいでしょう。御霊舎には、米、塩、水、酒、榊などをお供えし、毎日お参りします。

写真などを飾って故人を偲ぶ

キリスト教では自宅に故人を祀って拝んだり、供物を供えたりする習慣はありません。仏壇や位牌にあたるものもないため、各家庭には故人を偲ぶ写真などが飾られることが多いようです。

家庭用の祭壇も販売されており、中に故人の写真を置くこともあるようですが、故人はあくまで懐かしむ対象であり、祈るものではありません。また、プロテスタントでは形のあるものを拝む「偶像崇拝」を禁じているため、自宅に祭壇を置くことも少ないようです。

神道の先祖の祀り方

霊璽（御霊代《みたましろ》）

守護神（故人）が宿るもの。仏式の位牌にあたる

形に一定のきまりはないが、上からかぶせる形の覆いがついたものが一般的

御霊舎（祖霊舎《それいしゃ》）

守護神となった先祖を祀るための場所。仏式の仏壇にあたる

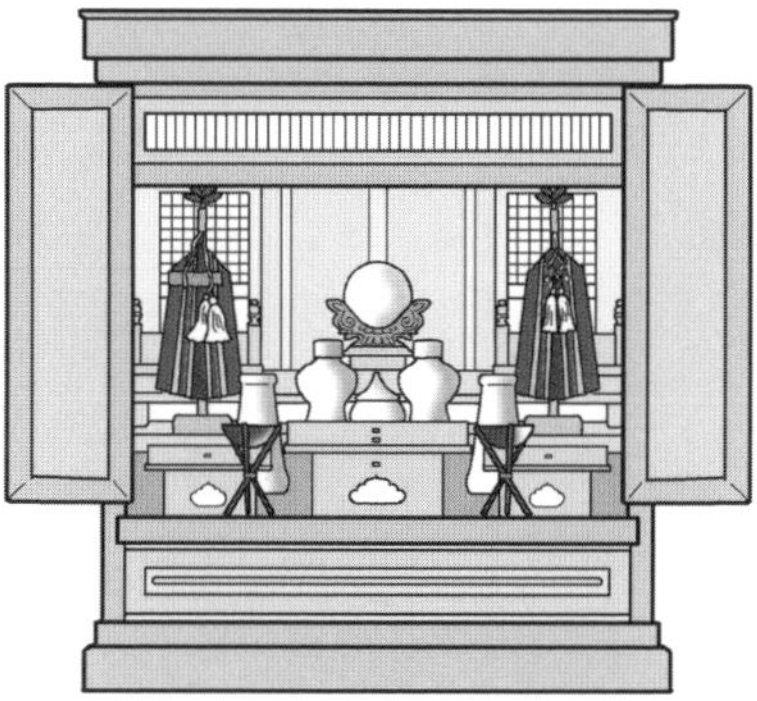

仏壇と同様、床置き型、地袋型、上置き型など、さまざまなタイプがある

●御霊舎の拝み方

①御霊舎の前で軽く頭を下げる

↓

②2回、深くおじぎをする

↓

③2回、拍手を打つ

↓

④1回、深くおじぎをする

↓

⑤軽く頭を下げてから下がる

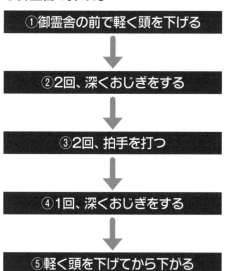

仏壇の移動や処分の方法

移動の前後に2回の法要を行う

自宅の引っ越し、実家の仏壇を引きとるなどの理由で仏壇を移動するときは、移動前に閉眼供養《へいがんくよう》、移動後、新しい場所に仏壇を安置したあとに開眼供養《かいげんくよう》を行います。どちらも菩提寺の僧侶に依頼するのが理想ですが、移動前後のどちらかが菩提寺から遠い場合は、近くにある同じ宗派のお寺を紹介してもらうとよいでしょう。宗派によっては開眼供養にあたる「遷座《せんざ》法要《ほうよう》」のみのこともあるので菩提寺に相談しましょう。仏壇の搬出や搬入は、できれば仏壇のとり扱いに慣れた業者に依頼します。

2つの仏壇を1つにまとめることも

自宅にすでに仏壇があり、さらに実家などから仏壇を引き継ぐことになった場合、2つの仏壇を祀っても構いませんが、宗派が同じであれば1つにまとめることも可能です。宗派が異なる場合は、今後の供養について、家族や親族の反対がなければ、どちらか1つの宗派を選んで仏壇をまとめることも考えましょう。こうしたことに関する考え方はさまざまなので、まずはそれぞれの菩提寺に相談してみましょう。

仏壇をまとめたり買い替えたりすると、不要になった仏壇を処分する必要が出てきます。閉眼供養をした後、自治体に相談するか、仏具店に引き取りを依頼する方法もあります。

仏壇を移動する際の手順の基本

移動前の家	移動 →	移動後の家
閉眼供養		開眼供養
本尊から魂を抜く		本尊に魂を入れる

2つの仏壇を1つにまとめるとき

宗派が異なる場合

※さまざまな考え方があるので、菩提寺に相談しながら進めるとよい

↓

家族や親族と話し合う

↓ 反対がない

どちらかに位牌を移す

↓

使わなくなる仏壇の閉眼供養

↓

在来仏教（日本の仏教）であれば、宗派の異なる位牌を1つの仏壇に入れてもよいと言われている

同じ宗派の場合

↓

使うほうの仏壇に位牌を移す

↓

使わなくなる仏壇の閉眼供養

↓

仏壇を処分

↓

・仏具店に引きとりを依頼する

檀家から仏壇を引きとって「お焚き上げ（境内で焼いて供養する）」を行うお寺もあったが、現在では行わないところがほとんど

引きとり料金はサイズによって異なり、2万円～6万円ほど（閉眼供養を含む・訪問引きとりの場合／メモリアルアートの大野屋の例）

法要の種類

●忌日法要と年忌法要

法要は、故人の冥福《めいふく》を祈り、遺族や友人が故人を偲ぶ儀式です。仏式の法要には、「**忌日法要**《きじつほうよう》」と「**年**《ねん》**忌**《き》**法要**《ほうよう》」があります。忌日法要は、亡くなってから7週間にわたって7日ごとに営むもの。現在では、「初七日《しょなのか》」と「四十九日《しじゅうくにち》忌」だけ行うこともあります。さらに現在では、初七日は葬儀と同じ日に行うことがほとんどです。そのため、実質的な忌日法要は四十九日忌だけのことが多くなっています。

年忌法要は、故人の命日に行われるもの。死後満1年目から、節目となる年に営みます。**一周忌**《いっしゅうき》と**三回忌**《さんかいき》までは、家族のほか親戚や故人と親しかった人なども招きますが、それ以降は身内だけで小規模に行うことが多いようです。

●年忌法要をいつまで行うか

年忌法要をいつまで行うか、ということについて厳密なきまりはありません。また、葬儀の規模と法要を行う回数にも関連はありません。宗派の決まりや地域の慣習なども考えたうえで、遺族が判断すればよいでしょう。菩提寺がある場合は、お寺にも相談しましょう。

以前は、**三十三回忌**《さんじゅうさんかいき》まで行われるのが一般的でしたが、現在ではもう少し早めに切り上げることも多いようです。また、盛大に行うものとされていた一周忌や三回忌を、家族や故人ととくに縁の深かった人だけで簡素に行うことも増えてきています。

法要の種類

●忌日法要……亡くなってから7日目に行われる（最近は葬儀当日に行われることが多い）初七日法要から、重要な忌日とされる三十五日目、四十九日目に法要が執り行われる

●年忌法要……亡くなって1年目の一周忌、2年目の三回忌、6年目の七回忌などが重要な年忌法要といわれる

●おもな忌日法要

初七日《しょなのか》	亡くなった日を含めて7日目 ※葬儀の当日に行われることが多い
二七日《ふたなのか》	亡くなった日を含めて14日目
三七日《みなのか》	亡くなった日を含めて21日目
四七日《よなのか》	亡くなった日を含めて28日目
五七日《いつなのか》／三十五日忌《さんじゅうごにち》	亡くなった日を含めて35日目 ※地域によっては、この日が忌明け（喪に服す期間が終わる日）となる
六七日《むなのか》	亡くなった日を含めて42日目
七七日《なななのか》／四十九日忌《しじゅうくにち》	亡くなった日を含めて49日目

●おもな年忌法要

一周忌	死後満1年
三回忌	亡くなった年を含めて死後3年目（満2年）
七回忌	亡くなった年を含めて死後7年目（満6年）
十三回忌	亡くなった年を含めて死後13年目（満12年）
十七回忌	亡くなった年を含めて死後17年目（満16年）
二十三回忌	亡くなった年を含めて死後23年目（満22年）
二十七回忌	亡くなった年を含めて死後27年目（満26年）
三十三回忌	亡くなった年を含めて死後33年目（満32年）

法要の営み方

●会場の手配などは早めに始める

法要では、僧侶による読経《どきょう》や焼香の後、お墓参りをします。法要を終えたあとは、僧侶と参列者を招いて会食をします。一般に、四十九日《しじゅうくにち》忌、一周忌《いっしゅうき》、三回忌《さんかいき》などは親族や故人の友人なども招いて行うため、早めに準備を進めておくことが大切です。

最初に決めておきたいのが、法要の日時です。法要の日取りは亡くなった日から何日目(何年目)など決められていますが、出席者の都合などを考えて週末に行われることが増えています。日取りをずらす場合は、本来より早い日に設定するものとされています。僧侶や法要を行う会場の都合を確認したうえで、スケジュールを決めましょう。さらに、招待する人を決めておおよその人数を把握したら、会食や参列者に渡す引きものの手配も行います。

次に、施主(法要の主催者)の名前で招待状を作成し、発送します。出欠の返事は法要の2週間ほど前までにもらうようにしましょう。実際の参列者数がわかった時点で、法要や会食の会場、引き物の依頼先などに連絡します。

●僧侶へのお布施などは当日持参する

法要の当日は、遺影《いえい》、位牌《いはい》、花、供物などを持参します。また、僧侶へのお布施も用意します。御車代や御膳料《ごぜんりょう》なども必要になることがあります。法要は僧侶を中心に進めますが、会食の前後には施主や遺族があいさつを行います。

法要の準備の流れ

時期	項目	内容
約2カ月前	施主を決める	葬儀の喪主が務めることが多い
約2カ月前	日程を決める	僧侶の都合や会場の空き状況なども確認したうえで決定する
約2カ月前	招待者のリストをつくる	招待する範囲を決め、おおよその人数を把握する
約2カ月前	会場の手配	法要や会食の会場を予約する。会食のメニューを決める
約2カ月前	引き物を決める	依頼先にはおおよその数を伝えておく
約1カ月前	招待状を発送	出欠の返事は法要の2週間ほど前までに届くようにする
約1カ月前	お寺に卒塔婆を依頼する	身内には卒塔婆をあげてもらえるか確認する
約2週間前	出席者数の決定	実際の出席者数がわかったら、法要や会食の会場、引き物の依頼先などに連絡する
約2週間前	移動手段の確認・手配	法要の会場から墓地、会食会場への移動法を確認し、必要に応じて車などを手配する

当日
・遺影、位牌、花、供物などを持参する
・お布施などを持参する
・早めに会場へ行き、参列者を出迎える

菓子折りなどを添えると、より丁寧な印象になる

●僧侶へのお礼として渡すもの

お布施
法要への謝礼。金額のめやすは3万円程度~。(お寺とのおつき合いの程度や故人の戒名などによっても異なる)

御膳料
僧侶が会食に出席しない場合に。金額のめやすは5000~1万円程度

お車代
法要の会場や墓地まで出向いてもらう場合の交通費。金額のめやすは5000~1万円程度

お席料(お礼)
お寺の施設を借りて会食をしたり、出席者への茶菓などを用意してもらったりしたときに。金額の目安は3000~5000円程度

お盆とお彼岸のしきたり

お盆には自宅に先祖の霊を迎える

お盆は、各家庭に先祖の霊《れい》が帰ってくると言われています。地域による違いはありますが、7月13～16日または8月13～16日とするところが多くなっています。

お盆の前には仏壇をきれいに掃除して提灯を飾り、「**盆棚**《ぼんだな》」と呼ばれる祭壇をつくります。初日にはお墓まいりをし、夕方には自宅の玄関先などで「**迎え火**」を焚いて霊を迎えます。

最終日にも同様に火を焚き、霊を送り出す「**送り火**」を焚きます。お盆の迎え方や送り方はさまざまなので、地域や宗派のしきたりに従って行うとよいでしょう。

亡くなって初めてのお盆を「**新**《にい》**盆**《ぼん》**（初盆）**」といい、身内や友人を招いて法要を行います。四十九日忌より前にお盆を迎える場合は、翌年を新盆とします。

春と秋のお彼岸には先祖の霊を供養する

お彼岸は春と秋の2回あり、それぞれ、春分の日と秋分の日をはさんで前後3日ずつ、合計7日間です。お彼岸には、仏壇をきれいに掃除してお墓参りをし、仏壇にぼたもち（春はぼたもち、秋はおはぎと呼ばれる）や精進料理などを供えて先祖の霊を供養するならわしがあります。

盆棚（精霊棚）の飾り方の例

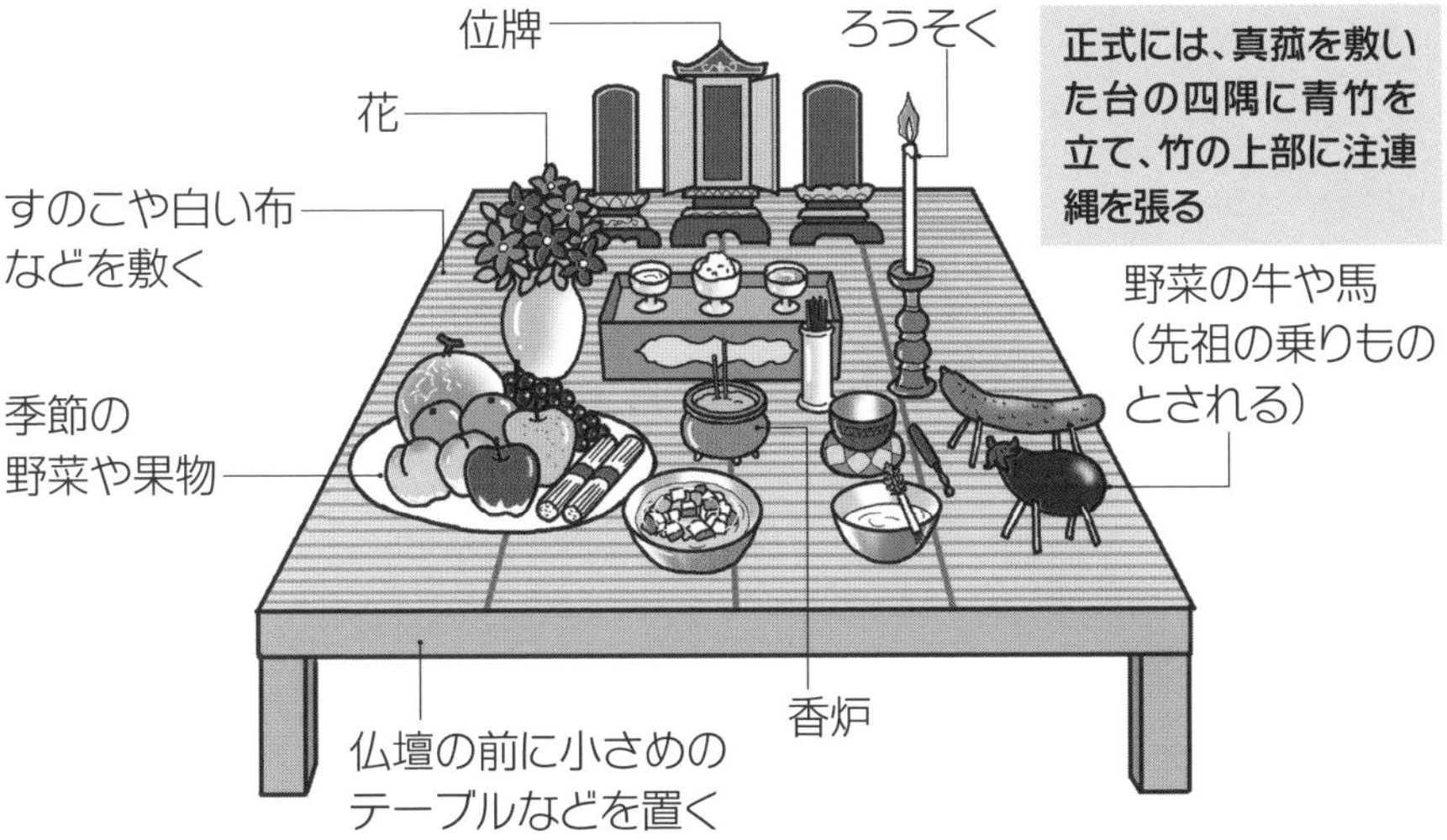

盆棚をつくらない場合は、仏壇に供えものをし、仏壇の両脇に盆提灯を飾るとよい

お墓参りの基本

①墓前で一礼し、合掌する

②墓石に水をかけ、
タオルやスポンジなどで汚れを落とす。
きれいなタオルで水気をふきとる

③水鉢にきれいな水を入れ、
花立てに花を飾り、お供物を供える

④ろうそくに火をつけ、線香に火を移す

⑤線香を香炉に入れる

⑥礼拝する

●葬儀・法要に関する希望●

①希望する宗教・宗派

②菩提寺の有無

□ あり

寺院名

住所

電話番号

□なし

③葬祭業者など

□ 生前予約してある

会社名

連絡先

担当者名

予約番号・会員番号など

□ 決まっていない

④葬儀の規模に関する希望

- □ 一般的な規模
- □ 直葬
- □ 家族葬
- □ その他
- □ 密葬

⑤供花、供物、香典について

- □ いただく
- □ 辞退する

⑥葬儀の内容への希望（例：葬儀の演出に関する希望など）

⑦葬儀の費用

- □ 自分の預貯金を使ってほしい
- □ 用意していない

⑧法要の規模に関する希望（例：家族だけでよいなど）

⑨いつまで年忌法要を行うか（例：三回忌までなど）

- □ 四十九日忌まで
- □ 十三回忌まで
- □ 一周忌まで
- □ 十七回忌まで
- □ 三回忌まで
- □ 三十三回忌まで
- □ 七回忌まで
- □ その他

●お墓に関する希望●

①希望する埋葬方法

□ 累代墓に埋葬
□ 散骨
□ 永代供養墓に埋葬
□ 家族に任せる
□ 納骨堂などに収蔵
□ その他
□ 樹木葬

②累代墓がある場合

墓地名

住所

連絡先

墓地の使用権者名

③新しいお墓を購入ずみの場合

墓地名

住所

連絡先

墓地の使用権者名

墓石の有無　□ 建立ずみ　□ なし

④新しく墓石を立てる場合

形に関する希望

□ 和型　□ 洋型　□ デザイン型

デザインに関する希望

墓石に入れる文字の希望

⑤新しく購入する墓地の種類

□ 累代墓

承継者の希望

□ 永代供養墓

⑥永代供養墓の場合の埋葬・収蔵方法

□ 個人墓
□ 夫婦墓
□ 友人との共同墓
□ 最初から合葬される共同墓
□ その他

⑦購入費用

□ 自分の預貯金を使ってほしい
□ 準備していない

⑧その他、お墓に関する希望

●死亡を知らせたい人・知らせなくてよい人●

名前

関係　□ 親戚　□ 仕事関係者　□ 友人　□ その他

住所

電話番号

入院時などの連絡

□ 入院時に知らせる　□ 危篤時に知らせる　□ その他

葬儀などの連絡

□ 知らせる　□ 知らせない

□ 葬儀を終えてから知らせる　□ 家族の判断に任せる

名前

関係　□ 親戚　□ 仕事関係者　□ 友人　□ その他

住所

電話番号

入院時などの連絡

□ 入院時に知らせる　□ 危篤時に知らせる　□ その他

葬儀などの連絡

□ 知らせる　□ 知らせない

□ 葬儀を終えてから知らせる　□ 家族の判断に任せる

名前

関係　□ 親戚　□ 仕事関係者　□ 友人　□ その他

住所

電話番号

入院時などの連絡

□ 入院時に知らせる　□ 危篤時に知らせる　□ その他

葬儀などの連絡

□ 知らせる　□ 知らせない

□ 葬儀を終えてから知らせる　□ 家族の判断に任せる

※コピーしてご利用ください。

●財産について●

①預貯金

金融機関名　　　　　　　　　　支店名

口座種別　　□ 普通　　□ 定期・定額

口座番号

②不動産

所有地

名義人

③有価証券や金融資産

種類

銘柄

連絡先

●解約が必要なものについて●

①クレジットカード

会社名

カード番号

連絡先

②携帯電話

会社名

電話番号

連絡先

※このほか、医療に関する希望、保険や年金の一覧、貴重品の保管などについても書いておくとよい。

■監修
大野屋テレホンセンター

株式会社メモリアルアートの大野屋が開設する無料の電話相談窓口。年間約2万6千件のお葬式、お墓、お仏壇、仏事マナーに関するあらゆる相談に仏事アドバイザーが相談者の事情に合わせて適切なアドバイスを行っている。累計相談実績は約35万件。

〔フリーダイヤル〕0120-02-8888

※本書は2016年10月小社発行の『小さな葬儀と墓じまい』を改訂の上、改題した改訂版です。
※本書における費用等の情報は2020年4月10日現在のものです。

小さな葬儀とお墓選び・墓じまい

2020年6月5日 初版第1刷発行
2021年11月24日 初版第2刷発行

監　修　大野屋テレホンセンター
発行者　石井 悟
発行所　株式会社 自由国民社
〒171-0033　東京都豊島区高田3-10-11
電話（営業部）03-6233-0781 （編集部）03-6233-0786
ウェブサイト　https://www.jiyu.co.jp/
印　刷　奥村印刷株式会社
製　本　新風製本株式会社
編集協力　株式会社耕事務所
執筆協力　野口久美子　稲川和子
本文デザイン　石川妙子
イラスト　山下幸子
カバーデザイン　吉村朋子